勘定科目一覧

C 資本勘定		
政府出資金	地方公共団体出資金	民間出えん金
資本剰余金	損益外減価償却累計額	前中期目標期間繰越積立金
目的積立金	積立金	未処分利益
未処理損失	繰越欠損金	

D 費用勘定		
給料・手当・賞与	退職金	雑給
雑役務費	役員報酬	法定福利費
福利厚生費	水道光熱費	旅費交通費
教育研究支援経費	通信費	修繕費
受託事業費	租税公課	保険料
支払手数料	貸倒損失	○○引当金繰入
賃貸(リース)料	減価償却費	研究委託費
診療関係費	受託研究費	奨学費
研究開発費	雑費	為替差損(益)
有価証券評価損	固定資産売却損	固定資産除却損

E 収益勘定		
運営費交付金収益	授業料収益	入学金収益
検定料収益	資産見返運営費交付金等戻入	資産見返物品受贈額戻入
資産見返寄附金戻入	診療収益	寄附金収益
物品受贈益	博物館入場料収入	受託研究等収益
不動産貸付料収入	受取利息	受取配当金
有価証券評価益	雑収入	貸倒引当金戻入
固定資産売却益	償却済債権取立益	

F 評価勘定		
徴収不能引当金	減価償却累計額	

G 集合勘定		
損 益	残 高	

国立大学法人会計入門

大原簿記学校講師・税理士
堀川 洋 [著]

National University
Corporation Accounting

税務経理協会

まえがき

　国立大学の法人化については平成11年から検討が開始され，国立大学の改革の一環として，経営責任の明確化による機動的・戦略的な大学運営の実現などいくつかの柱を中心にしてその内容が論議されてきた。

　これを踏まえて，平成16年度から国立大学に導入されることとなった「国立大学法人会計基準」は，先行している「独立行政法人会計基準」に必要な修正を加えて，すべての国立大学法人等に強制的に適用することとなった。これにより，国立大学法人等の財務内容に関する情報が公開されることで，国民の需要に即した効果的な行政サービスの提供を実現することができるようになった。

　この国立大学法人会計基準は，企業会計の基本原則である「企業会計原則」を国立大学法人等に導入することを前提にして，会計に関する認識，測定，表示などの一般的な基準を定めている。したがって，国立大学法人等は今後その会計処理にあたり，従わなければならないものであり，国立大学法人等の監査や評価に際しても準拠されるものである。

　従来，国立大学法人等は多くの国民に，平等に教育の機会を与えるとともに，学術研究や地域の教育や文化，産業を支えてきた。国立大学法人等が今後独立法人化しても，その本質は変わることなく，むしろ今まで以上の使命や機能が要求されることになる。また，国立大学法人等は，同時期に多数の大学が法人化されることで，会計的にも今まで以上に精密な情報が必要とされることになった。

　そこで，先行する独立行政法人会計基準を参考として，国立大学法人会計基準のなかで，運営費交付金の取扱いや固定資産の取扱いなどその詳細を具体的に定めることとした。これにより国立大学法人等は国民から負託された経済資源に関する情報を財務諸表により開示することにより，その

有用な情報内容が利害関係者に提供できるようになった。また，この開示される情報により国立大学法人等の個々の財政状態や運営状況が事後評価され，大学別の検討が行われることになる。

　本書では，企業会計原則に準拠して作成された国立大学法人会計基準に関して，国立大学法人等が会計処理や財務諸表の表示をどのようにして行うべきかをできるだけ具体的に説明することを念頭において作成した。ただし企業会計とは異なり，国立大学法人等はその公共性の高い点や利益の獲得を根本的に目的にしないこと，また国立大学法人自体で独立採算制を前提にしていないなどの多くの特殊性をもっているために，残念ながら難解な箇所も多く含まれている。このような部分はできるだけ国立大学会計基準，同注解や実務指針などを参考にして説明を試みたつもりである。解説されている多くの仕訳などを参考にして，国立大学法人会計基準の理解を深めてほしいと思う。

　平成16年5月

　　　　　　　　　　　　　　　　　　　　　　　税理士　堀川　洋

まえがき

Chapter 1　国立大学法人会計基準の概要

1　基本的な思考 ……………………………………………… 1
2　企業会計の特徴 …………………………………………… 2
3　国立大学法人会計基準の特徴 …………………………… 3
4　経理の二面性 ……………………………………………… 4
5　従来の会計と異なる点 …………………………………… 6
 1　根本的な相違点 ……………………………………… 6
 2　複式簿記の採用 ……………………………………… 6
 3　損益取引の発生 ……………………………………… 7
 4　発生主義会計 ………………………………………… 8
 5　取得原価主義会計 …………………………………… 9
 6　費用配分の原則 ……………………………………… 9
 7　費用収益対応の原則 ………………………………… 9
6　発生主義による記帳 ………………………………………10
 1　会計処理の時点 ………………………………………10

Chapter 2　作成される財務諸表

1　財務諸表の概要……………………………………………………15
1　貸借対照表……………………………………………………15
2　損益計算書……………………………………………………15
3　キャッシュ・フロー計算書…………………………………16
4　利益の処分に関する書類……………………………………17
5　国立大学法人等業務実施コスト計算書……………………17

Chapter 3　一 般 原 則

1　真実性の原則……………………………………………………20
1　意　　義………………………………………………………20
2　真実性の原則の目的…………………………………………20
3　真実性の意味…………………………………………………21
2　正規の簿記の原則………………………………………………22
1　意　　義………………………………………………………22
2　会計における目的……………………………………………22
3　複式簿記の完全導入…………………………………………23
4　業務実施コスト計算書との整合性…………………………24
3　明瞭性の原則……………………………………………………25
1　意　　義………………………………………………………25
2　明瞭性の目的…………………………………………………25
3　明瞭性の原則の必然性………………………………………26
4　重要性の原則……………………………………………………27
1　意　　義………………………………………………………27
2　重要性の原則の目的…………………………………………27
3　重要性の原則の解釈指針……………………………………28

目　次

　　4　重要性の乏しいケース ……………………………………29
　　5　重要性の乏しいもの ………………………………………30
　5　資本取引・損益取引区分の原則 ………………………………31
　　1　意　　　義 …………………………………………………31
　　2　区分する目的 ………………………………………………31
　　3　国立大学法人の損益計算 …………………………………32
　6　継続性の原則 ……………………………………………………33
　　1　意　　　義 …………………………………………………33
　　2　継続性の目的 ………………………………………………33
　　3　財務諸表の期間比較性 ……………………………………34
　　4　会計処理の変更が行われた場合 …………………………34
　7　保守主義の原則 …………………………………………………35
　　1　意　　　義 …………………………………………………35
　　2　保守的処理の目的 …………………………………………35
　　3　予測される将来の危機 ……………………………………35
　　4　過度な保守主義 ……………………………………………35

Chapter 4　財政状態の表示と損益計算の仕組み

　1　財政状態の表示 …………………………………………………37
　　1　財政状態とは何か …………………………………………37
　　2　作成に関する基本原則 ……………………………………38
　　3　資産の概念 …………………………………………………40
　　4　負債の概念 …………………………………………………44
　　5　資本の概念 …………………………………………………46
　2　損益計算の仕組み ………………………………………………50
　　1　企業会計における損益計算 ………………………………50
　　2　大学会計における損益計算 ………………………………51

  3 作成に関する基本原則 ……………………………………53

Chapter 5　資産の評価方法

1 固定資産の評価方法 ……………………………………………59
  1 有形固定資産 ………………………………………………59
  2 無形固定資産 ………………………………………………60
  3 リース資産の取扱い ………………………………………62
2 棚卸資産の評価方法 ……………………………………………66
  1 基本的評価方法 ……………………………………………66
  2 低 価 基 準 …………………………………………………66
3 有価証券の評価方法 ……………………………………………67
  1 基本的評価方法 ……………………………………………67
  2 評 価 基 準 …………………………………………………68
4 外貨建取引の会計処理 …………………………………………75
  1 外貨建取引の定義 …………………………………………75
  2 外貨建取引の処理 …………………………………………76
  3 在外事務所の換算 …………………………………………77
  4 外貨建有価証券 ……………………………………………80

Chapter 6　資金源泉の種類

1 国からの交付 ……………………………………………………87
  1 運営費交付金 ………………………………………………87
  2 施　設　費 …………………………………………………92
2 大学独自の調達 …………………………………………………93
  1 授業料収入 …………………………………………………93
  2 寄附金収入 …………………………………………………96

3　教育・研究の受託による収入 …………………………………98
　　4　目的積立金………………………………………………………106
　　5　借　入　金………………………………………………………107

Chapter 7　固定資産に関する取引

1　固定資産の分類 …………………………………………………109
　　1　基本的分類………………………………………………………109
　　2　償却資産の分類…………………………………………………109
2　資産の取得に関して ……………………………………………110
　　1　現 物 出 資………………………………………………………110
　　2　無償譲渡による取得……………………………………………112
　　3　運営費交付金による取得………………………………………113
　　4　施設費による取得………………………………………………119
　　5　寄附金による取得………………………………………………120
　　6　目的積立金による取得…………………………………………122
3　減価償却費の計上 ………………………………………………126
　　1　現物出資により取得した資産…………………………………126
　　2　無償譲渡により取得した資産…………………………………127
　　3　運営費交付金により取得した資産……………………………127
　　4　施設費により取得した資産……………………………………129
　　5　寄附金により取得した資産……………………………………130
　　6　目的積立金により取得した資産………………………………130
4　資産の売却に関して ……………………………………………133
　　1　現物出資による取得資産………………………………………133
　　2　無償譲渡による取得資産………………………………………134
　　3　運営費交付金による取得資産…………………………………136
　　4　施設費による取得資産…………………………………………139

5　寄附金による取得資産……………………………………………140
　　6　目的積立金による取得資産………………………………………141

Chapter 8　引当金の会計処理

1　引当金とは ………………………………………………………………145
2　引当金の種類 ……………………………………………………………146
3　退職給付引当金 …………………………………………………………148
　　1　運営費交付金以外の収益からの支払い…………………………149
　　2　中期計画による運営費交付金の支払い…………………………150
　　3　中期計画想定外の退職金増加の発生……………………………152
　　4　退職給付債務………………………………………………………154
4　貸倒引当金 ………………………………………………………………168
　　1　貸倒れとは何か……………………………………………………168
　　2　貸倒引当金の計上…………………………………………………169
　　3　貸倒引当金の設定…………………………………………………172
　　4　償却債権取立益……………………………………………………174
5　賞与引当金 ………………………………………………………………175

Chapter 9　キャッシュ・フロー計算書

1　この計算書の意義 ………………………………………………………179
2　キャッシュ・フロー計算書の位置付け ………………………………182
3　表示区分 …………………………………………………………………183
　　1　基本的な区分………………………………………………………183
　　2　業務活動によるキャッシュ・フロー……………………………184
　　3　投資活動によるキャッシュ・フロー……………………………188
　　4　財務活動によるキャッシュ・フロー……………………………191

5　資金に係わる換算差額……………………………………194
6　キャッシュ・フロー計算書の注記事項………………………194

Chapter10　利益の処分に関する書類

1　この計算書の機能 ……………………………………………201
1　一般企業の利益処分計算書……………………………………201
2　国立大学法人等の利益…………………………………………202
2　利益の処分に関する書類 ……………………………………203
1　経営努力により生じた利益……………………………………203
2　大学法人の利益の流れ…………………………………………204
3　積立金の使途について…………………………………………208
4　損失が計上された場合…………………………………………209
5　計算書の雛型……………………………………………………211

Chapter11　業務実施コスト計算書

1　この計算書の意義 ……………………………………………213
2　計上されるコスト ……………………………………………214
1　運営費交付金の増減……………………………………………215
2　損益計算外の機会費用等………………………………………215
3　計算書の雛型 …………………………………………………219
4　国立大学法人等業務実施コスト計算書の注記事項 ………220
1　国有財産無償使用の機会費用…………………………………220
2　政府出資等の機会費用…………………………………………220

Chapter12 附属明細書の作成

1 作成の必要性 …………………………………………225
2 固定資産の取得及び処分並びに減価償却費の明細 ………226
3 棚卸資産の明細 ……………………………………227
4 有価証券の明細 ……………………………………228
5 資本金及び資本剰余金の明細 ……………………………230
6 目的積立金の明細及びその取崩しの明細 …………………231
7 運営費交付金債務及び運営費交付金収益の明細 …………232
8 役員及び教職員の給与費の明細 …………………………233
9 上記以外の主な資産，負債，費用及び収益の明細 ………234

Chapter13 セグメント情報の開示

1 セグメント情報の開示とは …………………………………237
 1 セグメント区分の方法………………………………238
 2 区分に関する基本的思考……………………………239
 3 具体的な区分方法……………………………………239
2 開示する情報の内容 …………………………………………241
 1 業務収益の帰属………………………………………241
 2 業務損益の算出………………………………………241
 3 帰属資産の開示………………………………………242

Chapter14 消費税に関して

1 消費税の概略 …………………………………………245
2 納付義務のある場合 …………………………………246
3 消費税における仕入と売上の取扱い ……………………247

4	消費税額の計算方法	248
5	課税事業者の取扱い	250
6	簡易課税制度	251
7	経理方法	252
8	消費税の申告	255

Chapter 15 連結財務諸表

1 基本的な思考 ……257
1 連結財務諸表……257
2 連結財務諸表一般原則……259

2 一般基準 ……260
1 連結の範囲……260
2 連結決算日……261
3 会計処理の原則及び手続き……262

3 連結貸借対照表の作成基準 ……263
1 作成の基本原則……263
2 資産及び負債の評価……264
3 出資と資本の相殺消去……264
4 少数株主持分……266
5 債権と債務の相殺消去……267
6 持分法の適用……269

4 連結損益計算書の作成基準 ……271
1 作成の基本原則……271
2 表示方法……272

索　引……273

Chapter 1
国立大学法人会計基準の概要

1 基本的な思考

　平成11年から実施されている国の行政改革により，従前の国立大学や国立の研究機関，特殊法人を独立した法人にすることが行われている。この制度は，行政改革の根本的な目的である，国民のニーズに即応した行政サービスを効果的に提供することにある。

　国立大学も，独立法人化が行われるということは，国から国立大学の組織を切り離すことにより，柔軟な組織運営をすることはもちろんであるが，そうすることによる組織運営の合理性の追求にある。組織の減量はもちろん，独自の運営による外部からの業務受託による収入など，今までにはない厳しい運営が迫られることになる。

　このときに会計も，従来の会計制度ではなく，新たに企業会計に準拠した会計制度を導入して，その業績の評価が行われることになる。これは国立大学を国から独立した一つの組織体として考え，会計経理も通常の会社が規範としている「企業会計原則」に準じて処理することを前提にしようというものである。

　今後は国立大学法人及び大学共同利用機関法人（以下「国立大学法人等」

と呼ぶ）が，会計経理を行うにあたり，その基礎となるものとして「国立大学法人会計基準」が存在する。国立大学法人等は，一般企業と異なり全ての資金調達を自ら賄うことはできない。その財源の多くは国からの補助によるものであり，国の法律に準拠した会計基準が必要であり，これが「国立大学法人会計基準」と考えることができる。

2　企業会計の特徴

　企業会計は，基本的に営利企業の利益や財産の状態を明らかにするために行われているものである。企業会計は，企業の財務情報を広く公開することを大きな目的にしている。
　これは企業の財務内容は，経営者，従業員等の内部関係者だけではなく，銀行などの企業の債権者，企業に出資をしている投資家等に公表する必要があるからである。
　今回の国立大学の独立行政法人化に伴い，公的機関，しかも教育機関である国立大学法人等に企業会計の手法を取り入れるのには，さまざまな目的が考えられる。

●企業会計導入の目的
1. 複式簿記を前提にした会計基準の導入による会計帳簿の作成
2. 大学ごとの財政状態や運営状況の把握
3. 企業会計の導入による業務内容の開示
4. 企業会計に準拠する国立大学法人会計基準で作成された財務諸表の事後評価

この中でも，一番大きな目的は，企業会計に準拠した国立大学法人会計基準の導入により，同一基準による会計処理を各大学で実施させることにより，その業績を評価することである。国内の企業では，これが企業会計原則により一般的に行われているので，大学でもこれを取り入れようという思考によるものである。

国立大学法人等も今後は，この評価により運営費交付金など予算額や人事などにも影響を受けることになる。また業績の結果により，大学そのものの存続や統廃合などの措置が講じられることも考えられる。

① 大学運営の自主性，自律性の拡大
② 権限と責任の所在の明確化
③ 意思決定のシステムの確立

評価委員会による事後評価

3　国立大学法人会計基準の特徴

国立大学法人等は学術研究と研究者の育成を担い，地域の教育，文化産業などの基礎を支え，学生に進学の機会を与える大きな役割を果たしてきた。

このようなことから，国立大学法人等として独立法人化しても，一般企業のような本格的な利益の獲得を目的とはしない。また国立大学単独では意思決定することができないことも多いために，これらの特殊事情を加味して企業会計原則に準拠した会計基準が策定された。

国立大学会計基準は，このような事情を踏まえて企業会計原則を前提にしているが，国立大学法人等が公共的な性格を有しており，根本的に利益の獲得を目的とせず，独立採算性で運営されていない特殊性を加味して作

成されている点に大きな特徴がある。

(注)　国立大学法人会計基準の性格
　　　国立大学法人等の会計に関する認識（いつ会計処理をするのか），測定（いくらで会計処理をするのか），表示（財務諸表のどこに記載するのか）及び開示（財務内容と運営状況の公開）の基準を定めている。国立大学法人等はその会計処理をするにあたり従わなければならない。
　　　また会計監査人が国立大学法人等の財務諸表等の監査をする場合に依拠しなければならない。

●国立大学法人会計基準の特徴
1．企業会計原則に準拠して作成されている
2．国立大学法人等が，教育研究等に関する高い公共性を有していることを加味している
3．国立大学法人等が利益獲得を目的としていないことを考慮している
4．国立大学法人等が独立採算で運営できないことを前提にしている
5．中期計画の事後評価に際しての評価基準になるように作成されている

4　経理の二面性

　国立大学法人等の経理は，原則的に企業会計原則に準拠する国立大学法人会計基準による複式簿記により行われることになる。これにより会計帳簿を基礎にして作成された財務諸表は，会計年度終了後3ヶ月以内に文部科学大臣に提出され，その承認を受けなければならない。
　またこれと同時に，財政法など従前からの方法で記帳していた事業報告書や決算報告書も作成して財務諸表に添付しなければならない。つまり，

大学会計では，従前の経理処理も踏まえて，企業会計に準拠した国立大学会計基準による複式簿記の記帳もしなければならないということになる。

　国立大学法人等は，今後も従来の会計処理をそのまま引続き行う必要がある。また，新たに大学会計基準に準拠した複式簿記の記帳も行う必要があり，経理処理に関する二面性を有することになる。

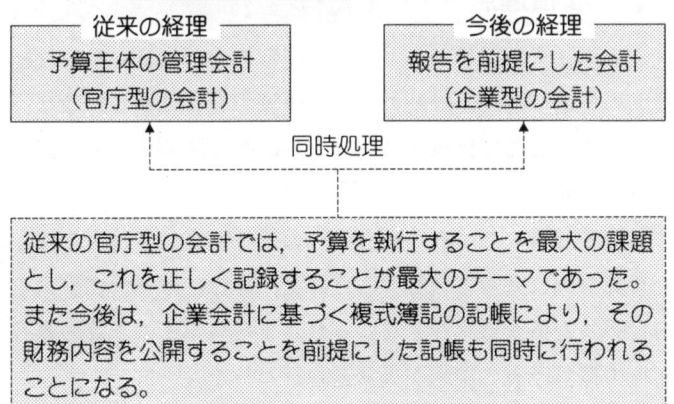

　国立大学法人等は国から独立した組織として，すべての取引を国立大学法人会計基準に基づき記録しなければならない。これはここまでにも説明した通りさまざまな理由が考えられる。しかし，最大の課題は，国立大学法人等を独立した法人とし，その会計情報を公開することにある。

　しかし，国立大学法人等は政府からの財源により運営されているために，国の会計である官庁型の会計も従来通り行わなければならない。ここに国立大学法人等の経理会計の二面性があるといえる。

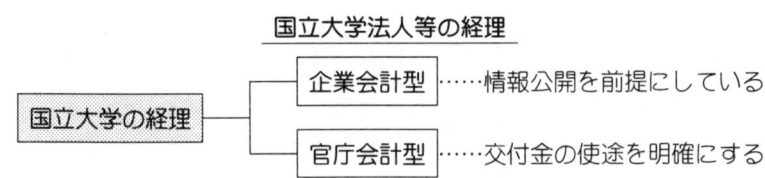

5 従来の会計と異なる点

1．根本的な相違点

　従来国立大学法人等で行われていた官庁型の会計では，予算統制をすることが最大の目的であり，統制の下での予算の執行による行政サービスが求められていた。ここでは単式簿記による記帳でそのすべてを記録することが可能であった。

　作成された予算書に基づき，政府からの予算が交付され，これを事前に作成した予算計画に基づき執行するだけで，そこには運営の努力やこれを公開するといった概念は存在しなかった。また当年度の予算の執行を行えば，翌年度の概算予算の請求が繰り返し行われた。

　企業会計では，根本的に経済事象としてのすべての取引が複式簿記に記帳される。これに基づき財務諸表が作成されるが，これは企業の利害関係者に会計情報が公開されることを前提にしており，財政状態や経営成績など多面的な会計情報の公開である。

2．複式簿記の採用

　国立大学法人等の会計では，従前は歳入・歳出を収入・支出の概念だけで把握していた。これは会計経理では「単式簿記」と呼ばれる考え方である。今後は，単に収入・支出だけの考え方ではなく，収入・支出にそれぞれ取引の内訳を明確にして，左右（借方・貸方）の計算による会計処理が行われる。これを会計経理では「複式簿記」と呼ぶ。

　国立大学法人会計基準は，企業会計原則に準拠するので，今後は全ての収入・支出が複式簿記で記帳されることになる。

chapter 1　国立大学法人会計基準の概要

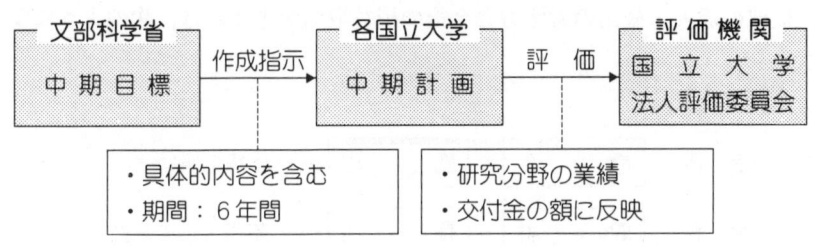

　今回，国立大学を法人化しようとする趣旨は，国立大学がこれまでのように，国から交付金だけを受け取り，これを学内に配分するという，いわゆる「丸投げ」を今後は止めて，新たに各大学の業績を評価しようとするものである。

　このために文部科学省が中期目標を各大学に指示し，これに基づき作成されるのが中期計画の設定である。評価機関（国立大学法人評価委員会）が，この中期目標の達成度合の評価を行う際に，その基本になるのが複式簿記により作成された財務諸表ということになる。

　今後はこの評価に基づき，国からの運営費交付金の交付額等が決まるために，財務諸表は重要な意味をもつことになる。

3．損益取引の発生

　国立大学法人会計基準では，民間企業でいうところの儲けが出る収入を「収益」，またその収益を得るための犠牲となっている支出を「費用」という概念でストレートに把握するわけではない。本来，国立大学法人等は公共的な性格を有しており，利益の獲得を第一目的としない。損益計算の基本的な思考も，利益の計算を目的とするわけではなく，運営費交付金などがその計画内で適切に使用されているかどうか，その「運営状況」を明らかにするために作成される。

　ただし，独自収入による研究受託などの事業も行われており，これに関しては経営成績を加味したものを損益取引という概念で把握しなければならない。

従前の歳入・歳出の考え方と今後の損益取引を考えれば，次のようになる。

従　前： 歳　　　入 ＝ 歳　　　出 ……予算の実行

今　後： 収　　　益 － 費　　　用 ……差引きして利益

4．発生主義会計

　従前の大学会計では，現金の支払いをする日，あるいは受け取ることが決定された時点，また現金の収支が実際に発生した日が取引日になり，記録のための基準日となっていた。これを会計経理では「現金主義」と呼ぶ。
　しかし，企業会計では損益の計上を「発生主義」と呼ばれる基準で行うのが基本である。発生主義によれば，何らかのサービスの授受が行われた日が費用や収益を計上する基準日になる。
　例えば，大学が所有する備品に不具合が生じて業者に修理を依頼した場合，修繕が終わった時点，この修繕に関する請求書が学校に届いたとき，さらにその修理代を実際に支払った場合を考えてみる。

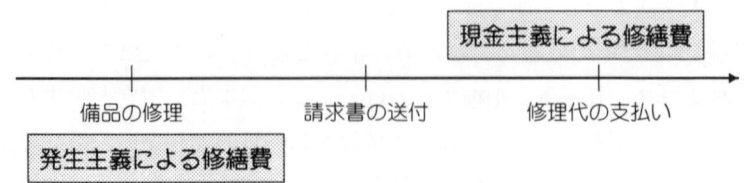

　あるサービスの提供が，本日行われれば提供した側も，受けた側も本日付けで収益・費用を計上し，月末など請求書の引渡しが行われた日や，実際に現金の授受のあった日に収益・費用を計上することはしないということである。

5．取得原価主義会計

　貸借対照表に計上される資産の価額は，購入に際して支出した金額を基礎とする「取得原価主義」が採用される。また無償で取得した資産などは，公正な時価をもってその資産の取得原価としなければならない。

　また，有形固定資産のうち，建物等の償却資産と呼ばれる資産は，国有財産台帳に記載されるだけではなく，「費用配分の原則」に従って，減価償却という手続きにより，その取得原価が各会計年度に配分されることになる。

6．費用配分の原則

　建物や備品などの有形固定資産（償却資産）について，企業会計では減価償却と呼ばれる計算が行われる。企業会計では，固定資産は営業活動のために使用されることを目的にして保有される財産と考える。したがって，固定資産が使用されることにより，その価値が減少するのであれば，固定資産の取得原価を使用されている会計期間に配分することが望ましい。このような考えは，「費用配分の原則」と呼ばれる思考である。

　国立大学法人等でも，その手法は若干異なるが，同様に減価償却を行うものとする。

7．費用収益対応の原則

　企業会計では，この「費用収益対応の原則」は，損益を計算するための基本原則である。

　企業会計では，実現主義により把握された収益を当期の期間収益とする。また，発生主義により計上された費用のうち，当期の収益に対するものを費用収益対応の原則により把握して，これを期間費用とし，この期間収益から期間費用を控除することにより，当期の利益を計算する。

6　発生主義による記帳

1．会計処理の時点

今後は国立大学法人等として会計処理を行うにあたり，従来の会計とはその処理のタイミングが異なるものが多く存在する。

従来は，支払負担行為決議を行った時点で，予算の差引行為を実施し，請求がなされた際に，支払決定決議を行い，その支払いを行っていた。

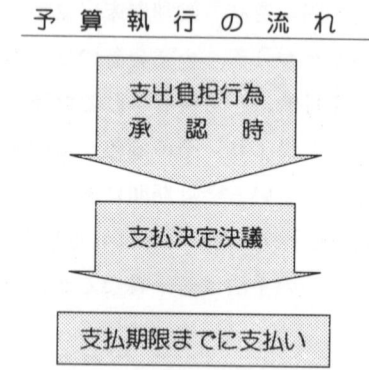

■例1■

消耗品120,000円を購入して，その支払いが行われた場合の手続きを検討してみる。

　8月4日　消耗品120,000円の購入に関する支払負担行為の決議
　　　6日　同上の承認を受けたので，負担行為差引簿へ差引きの記帳
　　　7日　消耗品の購入請求に基づく納品
　　　9日　納入業者からの，納品された消耗品の請求書を受け取る。

12日　支払いに関する承認決定
14日　支払いの手続きによる支払簿への記入

(従前の処理)

　従来の国立大学法人等の処理であれば，原則的には8月4日の購入に関する支払負担行為の決議が行われた時点で，購入の旨を把握して，同時に負担行為差引簿へ差引記帳を行う。
　また，支払いに関しては，支払いの承認決定があった12日の時点でこれを認識して，14日の支払いの時点で支払簿に記録されていた。

(今後の処理)

　今後，国立大学法人等で行われることになる発生主義による複式簿記では，従前のような申請や決議，承認などの手続きによらず，物品の納品や金銭の支払いなどの経済的な価値の増減に着眼してその記帳が行われる。
　特に「発生主義」では，現金の収支ではなく経済価値（財貨・サービス）の増減に着目して費用や収益を記帳する。したがって，経理会計としての記録を前提にすれば，下記のような処理が行われる。
　具体的には，サービスの提供や物品の入手など経済価値の増減があった場合に，費用（消耗品費）を計上する。しかし支払いが同時に行われていないために未払金勘定を計上する。
　▷8月7日
　　　納品日　（消　耗　品　費）　120,000　（未　　払　　金）　120,000
　▷8月14日
　　　支払日　（未　　払　　金）　120,000　（現　金　・　預　金）　120,000
　もちろん，上記の経理会計の仕訳以外にも従来と同様に，購入の承認，予算差引記帳，請求書に基づく支払承認などの業務は行われる。

■例2■

　受託研究150,000円の契約と,その代金の受取りに関して発生主義により収益を計上する。

　9月2日　国立大学法人として,新技術開発に関する研究を受託する公告を行った。
　　　3日　上記の公告により,F社から150,000円の研究開発を受託して,契約を行う。
　　　5日　納入告知書の発行により代金の一部請求を行う。
　　　8日　F社から研究開発の前金として50,000円を受け取る。
　10月2日　研究開発が完了して,成果報告書をF社に引き渡した。
　　　8日　F社よりその内容が確認されて,本日残金100,000円の振込みがあった。

（今後の処理）
　契約の締結や納入告知書による代金の一部請求など,法律的には重要な行為が行われているが,経理会計では,金銭の受入れや,受託した研究開発の引渡しなど経済価値の増減が発生した時点に注目しなければならない。
　特にここで注目しなければならないのは,受託研究が完成してその引渡しが行われた際に受託研究等収益を計上しなければならない点である。受託研究という役務（サービス）の提供をしたことによって,その対価を受け取る権利が発生しているので,これを受託研究等未収金勘定で処理する。

▷9月8日
　手付金　（現金・預金）　　50,000　（前受受託研究費等）　50,000
▷10月2日
　完　成　（受託研究等未収金）100,000　（受託研究等収益）　150,000
　　　　　（前受受託研究費等）　50,000

chapter 1 国立大学法人会計基準の概要

▷10月8日
　　残　金（現金・預金）100,000　（受託研究等未収金）100,000

■例3■
　国立大学法人等の職員給料の支払いに関して，その会計処理を示しなさい。
　　6月5日　先月分の各人別実績集計表が経理に回ってきた。
　　　　8日　各人別実績集計表の資料を給与計算システムに入力した。
　　　　15日　基準給与簿（給与台帳）の承認を受け，一人別給与明細書を銀行に引き渡した。
　　　　20日　支払負担行為があり，即支払いを承認した。
　　7月5日　銀行から各職員への振込みが行われた。給与の総額は2,000,000円であり，ここから源泉所得税など250,000円を控除している。

（会計処理）
　人件費である職員給料は，本来職員からの役務提供が完了した時点で，費用として計上すべきである。しかし，継続して発生するこれらの費用については，厳密な意味で発生主義による費用を計上することはできない。
　このような継続して発生する費用に関しては，期中では現金主義が採用され，期末において経過勘定項目である未払費用などを計上する方法により，発生主義が適用されることになる。

▷7月5日　給料支払時：
　　　（人　件　費）2,000,000　（現金・預金）1,750,000
　　　　　　　　　　　　　　　　（預　り　金）　250,000

従前の予算執行と今後の経理会計の関係

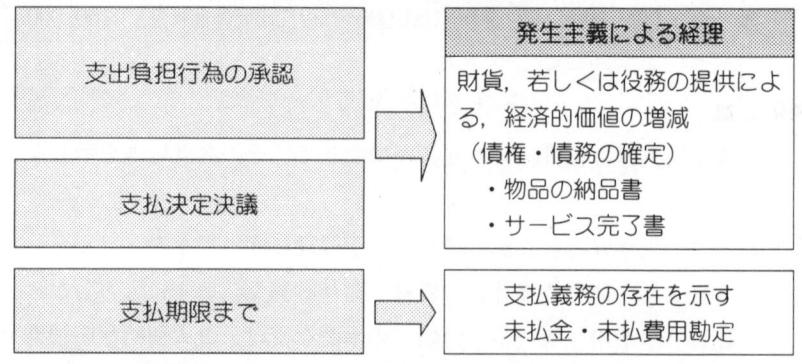

※ **支出負担行為の承認時**
　支出負担行為の承認の基礎となるものには、現実には支払いを必要とする水道光熱費や旅費のようなものは、その支払いに関する支払請求書の受取りがこれに該当し、契約に基づき支払われる役務提供のような費用は、その契約時を示すものと考えることができる。

（参　考）

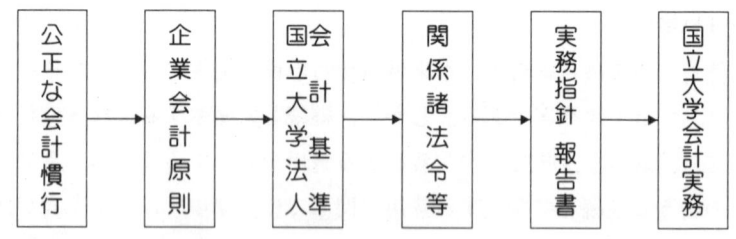

Chapter 2 作成される財務諸表

1 財務諸表の概要

1. 貸借対照表

　資産と負債を掲載する一覧表で通常「バランス・シート」と呼ばれる。資産から負債を控除した金額を資本と呼び，自己の財産有高を示す。
　国立大学法人等の資産になるものの多くは土地・建物等の不動産であり，負債は国から交付を受けた交付金や施設費等の未使用分である。

貸借対照表

資　　　産 （固 定 資 産）	負　　　債 （交 付 金 残）
	資　　　本 （自 己 持 分）

2. 損益計算書

　収益から費用を控除して，儲けである利益の金額を表示する。収入金額

でも，今後は収益の要素を持つものと持たないものを明確に区別しなければならない。

同様に支出金額の中でも，収益に関連付けることができるものを費用という概念で把握する。

国立大学法人会計基準では，国立大学法人等の運営状況を明らかにするために，損益計算書を作成して当期純利益を表示するものとしている。

さらに，当期純利益に積立金の取崩額を加算して，当期総利益を表示しなければならない。

《企業会計上》

損 益 計 算 書

Ⅰ	総収益額	××××
Ⅱ	費用損失額	×××
	当期純利益	××××

《国立大学会計基準》

損 益 計 算 書

Ⅰ	経常費用	××××
Ⅱ	経常収益	×××
	当期総利益	××××

3．キャッシュ・フロー計算書

財産の有高や損益の状態を示すのではなく，会計期間の資金繰りを示すもので，財務上の健全な資金の流通状態を示す計算書である。

キャッシュ・フロー計算書

Ⅰ	業務活動によるキャッシュ・フロー	××××
Ⅱ	投資活動によるキャッシュ・フロー	××××
Ⅲ	財務活動キャッシュ・フロー	××××
Ⅳ	資金に係わる換算差額	×××
Ⅴ	資金増加額	×××
Ⅵ	資金期首残高	×××
Ⅶ	資金期末残高	××××

4．利益の処分に関する書類

　企業会計では損益計算書で計上された利益の処分を示す計算書であるが，国立大学法人等では，中期目標期間での積立金等の情況を示す計算書である。

利益の処分に関する書類

Ⅰ	当期未処分利益	××××
Ⅱ	利益処分額	××××

（注）損失が計上された場合
　　　積み立てるべきである利益ではなく，補塡すべき損失が計上されたときは，「損失の処理に関する書類」が作成される。

5．国立大学法人等業務実施コスト計算書

　国から受け取った資金は，基本的には国民が負担しているものである。国立大学法人等業務実施コスト計算書は，大学の運営に際して，これがどのような用途に使用されているかを示す計算書である。情報開示のために作成されるもので，企業会計にはない計算書である。

業務実施コスト計算書

Ⅰ	業務費用	×××
Ⅱ	損益外減価償却相当額	×××
Ⅲ	引当外退職給付増加見積額	×××
Ⅳ	機会費用	×××
Ⅴ	業務実施コスト	××××

（注）内訳
　　　国立大学法人等の運営に関して国等が負担しているコストを集約している計算書であり，損益計算書では示すことができない税金による損益の負担額を示している。

財務諸表の比較

国立大学法人会計基準	企 業 会 計
・貸借対照表 ・損益計算書 ・キャッシュ・フロー計算書 ・利益の処分又は損失の処理に関する書類 ・業務実施コスト計算書 ・附属明細書	・損益計算書 ・貸借対照表 ・利益処分計算書 ・キャッシュ・フロー計算書 ・附属明細書 ・営業報告書（商法上）

（注）　連結財務諸表
　　企業会計において，作成することとされている連結財務諸表に関しても，国立大学法人会計基準では同様に作成することとしている。

Chapter 3 一般原則

　本書で学習する「国立大学法人会計基準」及び「国立大学法人会計基準注解」は，国立大学法人等の会計に関する認識（いつ会計処理を行うかの時期），測定（会計処理をいくらの金額で行うか），表示（財務諸表のどこにどのように記載するか），及び開示（財務内容と運用状況の公開）の基準を定めるものであって，国立大学法人等がその会計を処理するにあたって従わなければならないものであるとともに，会計監査人が国立大学法人等の財務諸表等の監査をする場合において依拠しなければならないものである。

●国立大学会計基準の特徴

国立大学法人会計基準は，概ね次のような特徴があると考えられる
1. 国立大学法人等が会計処理を行うにあたっては，この基準に従わなければならない
2. 会計監査人が国立大学法人等の財務諸表等の監査を行うにあたって依拠しなければならない基準である
3. 国立大学法人等の会計に関する認識などの基準を定めている

　したがって，国立大学法人等は他に合理的な理由がない限り，この「基準及び注解」の定めるところにより会計処理を行わなければならないが，

そこに定められていない事項については、合理的な理由がない限り、一般に公正妥当と認められている会計原則に従うこととされている。

1 真実性の原則

1. 意　義

国立大学法人等の会計は、国立大学法人等の財政状態及び運営状況に関して、真実な報告を提供するものでなければならない。

2. 真実性の原則の目的

国立大学法人会計基準の存在の目的は、各大学の財務内容の開示による責任の所在の明確化と各大学の業績の評価にある。

このためには、財務内容の報告は公正な会計基準に準拠していなければならない。したがって、国立大学法人会計基準を遵守した会計帳簿に基づき作成された財務諸表が、重要な意味をも持つことになる。

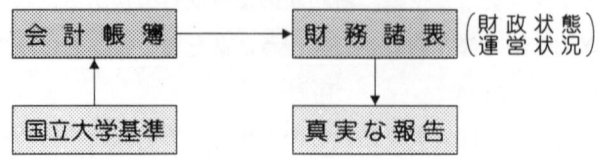

真実性の原則と会計帳簿

(1) 情報開示の要請

国立大学法人等は教育・研究に係る国の業務実施に関して負託された経済資源に関する情報を負託主体である国民に開示する責任を負っており、説明責任の観点から、その財政状態及び運営状況を明らかにし、適切に情

報開示を行うことが要請される。

(2) 事後チェックの指針

国立大学法人等の業務運営については，その自律性及び自発性の発揮の観点から，国による事前統制から事後チェックへの移行が特徴であるが，適切に事後チェックを行うためには，業績評価が適正に行われなければならない。

(3) 真実な報告の要請

このような説明責任の観点及び業績の適正評価の観点から，国立大学法人等の会計は，その財政状態及び運営状況に関して，真実な報告を提供するものでなければならない。

3．真実性の意味

真実性の原則は，国立大学会計基準の冒頭で倫理的，道徳的な意義を持たせていることに重要な意味がある。当然他の六つの一般原則を総括し，第2章以降の国立大学法人会計基準の中核となる基準である。

このように考えれば，「真実性」という意味は絶対的なものと考えることができる。しかし，この真実性の意味するところは，相対的なものと考えなければならない。

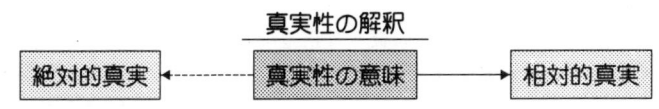

真実性の解釈

絶対的真実 ←------ 真実性の意味 ------→ 相対的真実

(注)　**相対的真実と考える理由**
　① **記録されている事実**
　　　取引は事実として記録されているが，取引金額によっては取引発生時のものであり，現在の金額とはかけ離れたものもあるはずである。
　② **会計上の慣習**
　　　国立大学法人会計基準の基礎とする企業会計原則は慣習の中で発達してきたもののうち，妥当なものを要約したものにすぎない。
　③ **個人的な判断**
　　　企業会計における会計処理には，複数の処理方法の中から会計担当者の判断で選択できるものもあり，個人の意思が介入する可能性がある。

2　正規の簿記の原則

1．意　義

(1)　国立大学法人等の会計は，国立大学法人等の財政状態及び運営状況に関するすべての取引及び事象について，複式簿記により体系的に記録し，正確な会計帳簿を作成しなければならない。
(2)　会計帳簿は，国立大学法人等の財政状態及び運営状況に関するすべての取引及び事象について，網羅的かつ検証可能な形で作成されなければならない。
(3)　国立大学法人等の財務諸表は，正確な会計帳簿に基づき作成し，相互に整合性を有するものでなければならない。

正規の簿記の原則の内容

一定の要件 ←------ 正確な会計帳簿 ------→ 財務諸表

（注）解　釈
　　この原則は，一定の要件に従って正確な会計帳簿を作成すること，またこの会計帳簿を基礎にして誘導的に財務諸表を作成することを要請している。

2．会計における目的

　大学が開示する財務諸表は，真実性の原則に基づくものでなければならない。
　このためには，年度内に発生する全ての取引を複式簿記の原則に従って，正確に会計帳簿に記録しなければならない。この会計帳簿は下記の要件を満たすものでなければならないと考えることができる。

正規の簿記の原則を保証する会計帳簿

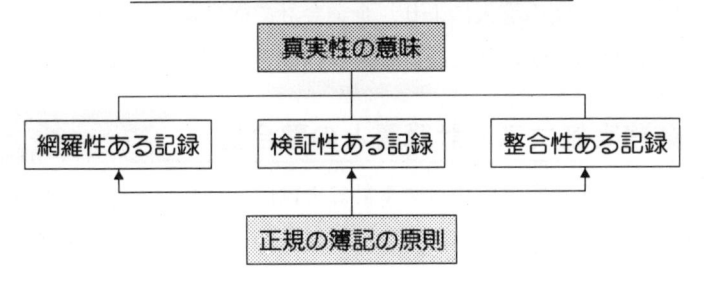

```
            眞実性の意味
        ┌──────┼──────┐
   網羅性ある記録  検証性ある記録  整合性ある記録
        └──────┼──────┘
            正規の簿記の原則
```

《正確な会計帳簿》

(1) **網羅性ある記録**

　　学内で発生した取引は，その事実をありのままに，漏れることなく記録しておく必要がある。したがって，取引の漏れや架空の取引が含まれていることは許されず，網羅的に作成された記録でなければならない。

(2) **検証性ある記録**

　　取引記録は，後日その検証を行うに際して，取引の存在や金額などを客観的に証明することができなければならない。これは，会計における「いつどのような取引」が行われたかを証明するための重要な要請である。

(3) **整合性ある記録**

　　会計記録は，そのルールに従って秩序正しく行われたものでなければならない。これは記帳そのものの方法（複式簿記等）はもちろん，体系的な会計帳簿を備えて，これらから財務諸表が体系的に作成されるべきことを意味している。

3．複式簿記の完全導入

　国立大学法人等においては，その財政状態及び運営状況に関するすべての取引及び事象について捕捉しうる合理的な会計処理及び記録の仕組みと

して，複式簿記を導入するものとする。

この新たな制度の導入により，企業会計で従来より行われてきた記帳システムと同様の方法により会計帳簿が作成されることになる。

4．業務実施コスト計算書との整合性

国立大学法人等業務実施コスト計算書は国立大学法人等の財務諸表を構成する書類の一つで，この計算書も，基本的には正確な会計帳簿に基づき作成されるべきものである。

しかし国立大学法人等業務実施コスト計算書には，その性格上一定の仮定計算に基づく「機会費用」を含むことから，会計帳簿によらないで作成される部分が存することに留意する必要がある。その場合には，この部分の作成根拠等を注記により開示しなければならない。

国立大学法人等業務実施コスト計算書		
自　平成△年4月1日		
至　平成〇年3月31日		（単位：千円）
Ⅰ　業　務　費　用		××××
損益計算書の費用	×××	
︙	︙	
Ⅱ　損益外減価償却相当額		×××
Ⅲ　引当外退職給付増加見積額		×××
Ⅳ　機　会　費　用		×××
Ⅴ　国立大学法人業務実施コスト		××××

（参　考）

機会費用に関する部分には，国有の財産を無償で使用していることの経済的利益，たとえば，ある特別な国有地を地代を支払わずに使用している場合の地代相当額。また資本や剰余金など国から現物出資などを受けている金額を資源として大学を運営していることの経済的な利益を計上する。

これらの金額を業務実施コスト計算書に注記するが，これらの金額は会

計帳簿によらずに算出される。

3 明瞭性の原則

1．意義

　国立大学法人等の会計は，財務諸表によって，国民その他の利害関係者に対して必要な会計情報を明瞭に表示し，国立大学法人等の状況に関する判断を誤らせないようにしなければならない。

　国立大学法人等の財政状態や運営状況の情報を知ることができるのは，財務諸表によってのみである。したがって，作成される財務諸表は会計帳簿から誘導的に作成されなければならないのはもちろんであるが，その情報はミクロ的かつマクロ的なものでなければならない。

2．明瞭性の目的

　大学の財務内容と運営状況を開示する財務諸表の作成にあたり，その内訳を明確にするために，国立大学法人会計基準では，いくつかの要請をしている。

≪明瞭表示の具体例≫
1．財務諸表の区分表示
2．総額主義による記載
3．財務諸表の注記*
4．附属明細書の添付
5．財務諸表の概観性

＊ **注記すべき事項**
　国立大学法人等が作成する財務諸表には，重要な会計方針，重要な債務負担行為，その作成日までに発生した重要な後発事象，固有の表示科目の内容その他国立大学法人の状況を適切に開示するために必要な会計情報を注記しなければならない。

① **重要な会計方針の開示**
　会計方針とは，国立大学法人等が財務諸表の作成にあたって，その会計情報を正しく示すために採用した会計処理の原則及び手続き並びに表示の方法をいう。
　　イ．運営費交付金収益の計上方法…期間進行型など
　　ロ．減価償却の会計処理方法…償却方法，耐用年数など
　　ハ．退職手当に係る引当金及び見積額の計上基準
　　ニ．棚卸資産の評価基準及び評価方法
　　ホ．業務実施コスト計算書における機会費用の計上方法

② **重要な後発事象の開示**
　財務諸表には，その作成日までに発生した重要な後発事象を注記しなければならない。
　後発事象とは，貸借対照表日以降に発生した事象で，次期以降の財政状態及び運営状況に影響を及ぼすものをいう。重要な後発事象を注記事項として開示することは，当該大学法人の将来の財政状態や運営状況を理解するための補足情報として有用である。
　　イ．国立大学法人の主要な業務の改廃
　　ロ．中期計画の変更
　　ハ．国からの予算措置の重大な変更
　　ニ．火災，出水等による重大な損害の発生

3．明瞭性の原則の必然性

(1) 会計情報の報告責任

　国民の需要に応じた教育・研究を実施するために創設された国立大学法人等は，その教育・研究のために負託された経済資源に関する会計情報を負託主体である国民を始めとする利害関係者に対して報告する責任を負っている。

(2) 明瞭な財務諸表

国民その他の利害関係者にわかりやすい形で適切に情報公開するため，国立大学法人等の財務諸表は明瞭に表示されなければならない。

4 重要性の原則

1．意 義

(1) 国立大学法人等の会計は，国民その他の利害関係者の国立大学法人等の状況に関する判断を誤らせないようにするために，取引及び事象の金額的側面及び質的側面の両面からの重要性を勘案して，適切な記録，計算及び表示を行わなければならない。

(2) 質的側面の考慮においては，国立大学法人等の会計の見地からの判断に加え，国立大学法人の公共的性格に基づく判断も加味して行わなければならない。

(3) 重要性の乏しいものについては，本来の方法によらないで他の簡便な方法によることも正規の簿記の原則及び明瞭性の原則に従った処理として認められる。

2．重要性の原則の目的

国立大学法人等は，国民その他利害関係者に大学の財政状態，運営状況を報告しなければならない。この際に利害関係者の判断を誤らせないように有用な会計情報を開示しなければならないのは当然である。

しかし，このときにあまりにも詳細な情報を提供することにより，利害関係者に会計的な判断を誤らせることになるのであれば，これは好ましいことではない。

そこでこの重要性の原則では，重要性のあるものは厳密な会計処理をしなければならないが，逆に金額的，質的に重要性が低いと判断されるものは簡便的な処理によることも差し支えないとしたものである。

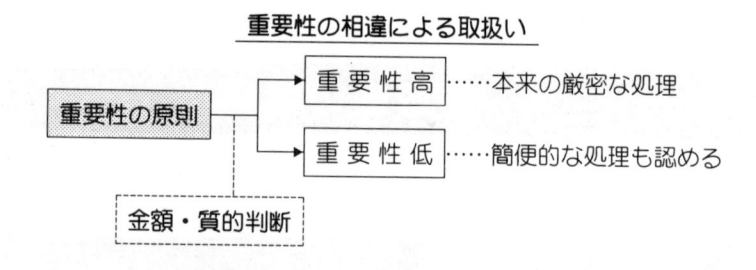

重要性の相違による取扱い

```
                    ┌─→ 重要性 高 …… 本来の厳密な処理
 [重要性の原則] ──┤
                    └─→ 重要性 低 …… 簡便的な処理も認める
        │
   [金額・質的判断]
```

3．重要性の原則の解釈指針

(1) **国立大学法人会計の基本**

公共的な性格を有する国立大学法人等の会計は，国立大学法人会計基準の定めるところに従った会計処理及び表示が求められる。

(2) **国立大学法人等の判断基準**

国立大学法人等の会計が目的とするところは，国立大学法人等の財政状態及び運営状況を明らかにし，国民その他の利害関係者の判断を誤らせないようにすることにあるから，重要性の乏しいものについては，本来の会計処理によらないで合理的な範囲で他の簡便的な方法によることも，正規の簿記の原則に従った処理として認められる。

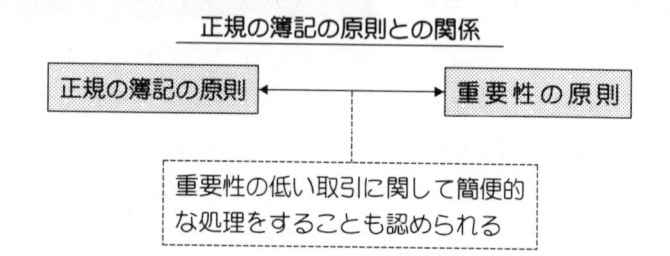

正規の簿記の原則との関係

```
 [正規の簿記の原則] ←───→ [重要性の原則]
              │         │
              └────┬────┘
         [重要性の低い取引に関して簡便的
          な処理をすることも認められる]
```

一方で，国立大学法人等は，多数の大学が同様の教育・研究などの業務を行うため，当該法人間における会計情報の比較可能性の確保を強く要請されることから，一定の事項※については，個々に判断するのではなく，統一的な取扱いをする必要があることに留意する必要がある。

※一定の事項とは
　　国立大学法人等の教育，研究の基礎である図書，美術・収蔵品等に関する貸借対照表価額や減価償却，また棚卸資産の評価方法などを示す。

(3) 財務諸表における重要性の原則
　重要性の原則は，財務諸表の表示に関しても適用され，本来の財務諸表の表示方法によらないで合理的な範囲で他の簡便な方法によることも，明瞭性の原則に従った表示として認められる。

4．重要性の乏しいケース

　企業会計原則における「重要性の原則」では重要性が乏しいケースとして，次の5項目を掲げている。(1)～(4)は金額面で，(5)は表示面で重要性の原則が具体的に適用されたケースである。

(1) 消耗品の費用処理
　　消耗品，消耗工具器具備品その他の貯蔵品等のうち，重要性の乏しいものについては，その買入時又は払出時に費用として処理する方法を採用することができる。

(2) 経過勘定処理の省略
　　前払費用，未収収益，未払費用及び前受収益のうち，重要性の乏しいものについては，経過勘定項目として処理しないことができる。

(3) 引当金計上の省略
　　引当金のうち，重要性の乏しいものについては，これを計上しないことができる。

(4) 付随費用原価不算入
　　棚卸資産の取得原価に含められる引取費用，関税，買入手数料，移

管費，保管料等の付随費用のうち，重要性の乏しいものについては，取得原価に算入しないことができる。

(5) **長期債権，債務の表示**

分割返済の定めのある長期の債権又は債務のうち，期限が1年以内に到来するもので重要性が乏しいものについては，固定資産又は固定負債として表示することができる。

5．重要性の乏しいもの

重要性の乏しいものの判断基準は，簡便な会計処理を行った結果が目的適合性や信頼性の観点から国立大学法人等に求められる真実な報告に従い，会計情報としての有用性を確保するものであるか否かに求められる。

一般的には下記の二つの側面から判断されることになる。

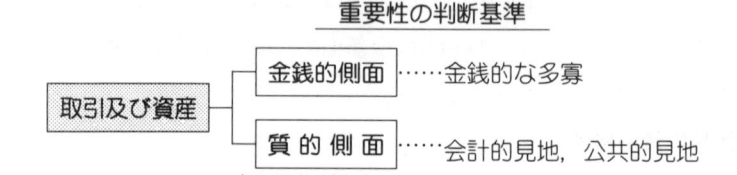

重要性の判断基準

取引及び資産 ─┬─ 金銭的側面 ……金銭的な多寡
　　　　　　　└─ 質的側面 ……会計的見地，公共的見地

(1) **取引及び事象の金銭的側面**

取引及び事象の金銭的側面とは，国立大学法人等が行う取引などの経済的行為の金額的な大きさによるものを示す。この金額的な大きさについては具体的な例示があるわけではなく，各国立大学法人等の資産総額等全体の規模との関係等から判断される。

（注） **国から譲与を受けた物品の例**

国から譲与を受けた償却資産で耐用年数が1年以上のものは固定資産に計上するが，その金額が50万円未満で，重要性の乏しいものは，消耗品費として処理することができる。

(2) 取引及び事象の質的側面

　質的側面の判断基準は,「会計的見地からの判断」と「国立大学法人等の持つ公共的見地からの判断」に分けられる。

　「会計的見地からの判断」とは,具体的な会計行為の対象となる取引や財務諸表における表示科目などが,金額に関係なく国立大学法人等の財務内容を明らかにし,利害関係者の判断を誤らせるものでないかどうかにより判断する。

　また「公共的見地からの判断」とは,国立大学法人等の持つ公共性から簡便的な処理をすることができないものがあることを示す。

5 資本取引・損益取引区分の原則

1. 意　義

　国立大学法人等の会計においては,資本取引と損益取引とを明瞭に区分しなければならない。

2. 区別する目的

　国立大学法人等の取引の中には,国から提供を受けた施設費による固定資産の取得のような,独自の判断で意思決定することなく純資産額が増加するような取引がある。このような取引は,資本取引に該当するものとして損益取引とは区別されなければならない。

　また,国立大学法人等の行う業務の中には,その実施に収入が伴うものがあり,これらの業務の中には経営成績も加味した運営状況を開示しなければならないものもあり,これらは損益取引として取り扱われることになる。

国立大学法人等では，その収入・支出により国からの資金提供による支出と独自収入からの支出など，明確な区分が困難なものもある。しかし，財政状態や運営状況を明らかにするためには，資本取引と損益取引は明確に区分されなければならない。

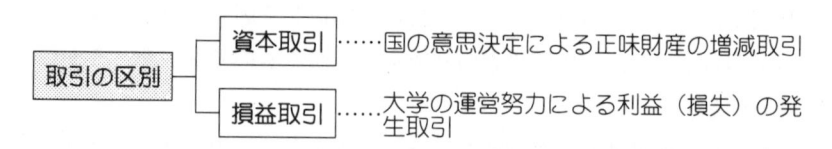

```
                ┌─ 資本取引 …… 国の意思決定による正味財産の増減取引
   取引の区別 ──┤
                └─ 損益取引 …… 大学の運営努力による利益（損失）の発生取引
```

3．国立大学法人の損益計算

　国立大学法人等は，基本的には利益の獲得を目的にしないために，経営成績を明らかにするためにではなく，運営状況を明らかにするために，損益計算を行う。国立大学法人等では，基本的な運営は国からの交付金で賄われている。これにより中期計画に従って運営される業務からは，損益を均衡させて基本的に損益は生じないような計算の仕組みになっている。

　しかし，その一部では国立大学法人等が運営する業務から独自の収入が生じるものもある。

（費用項目）	損益計算書		（収益項目）
経常費用(業務費)		経常収益	
教　育　経　費	××××	運営費交付金収益	××××
研　究　経　費	××××		

（注）　教育経費や研究経費など費用として計上されているが，これらは国から交付を受けた運営費交付金収益と相殺されることにより実質的な損益は発生しない。

　国立大学法人等では，施設費のようにその独自判断で意思決定が完結しないものも多く，これらの収支を損益計算に含めることは妥当ではない。

　そこで国立大学法人等の損益計算では，財政状態と運営状況を適切に示すという観点や利益・損失の確定を適切に行うという観点から，資本取引

と損益取引を明確に区別しなければならないとしている。

6 継続性の原則

1．意　義

国立大学法人等の会計においては，その処理の原則及び手続きを毎期継続して適用し，みだりにこれを変更してはならない。

2．継続性の目的

国立大学法人等は，その公共的な性格から適切に情報公開を行わなければならず，さらに多数の大学が同様の教育・研究などを行うため，大学間における会計情報の比較可能性の確保を強く要請されることから，その会計処理の原則及び手続きに関する選択性は原則として排除される。

複数の大学が異なる基準で収益計上を行う場合

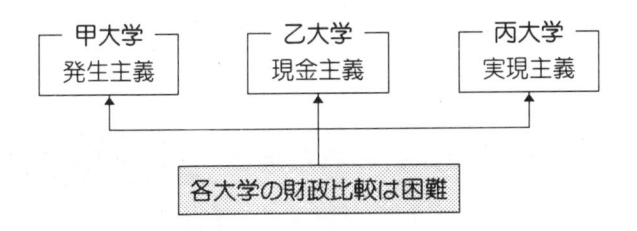

```
┌─甲大学─┐   ┌─乙大学─┐   ┌─丙大学─┐
│ 発生主義 │   │ 現金主義 │   │ 実現主義 │
└─────┘   └─────┘   └─────┘
     └─────────┴─────────┘
          │
    ┌─────────────┐
    │ 各大学の財政比較は困難 │
    └─────────────┘
```

（注）　**選択が認められない場合**
　　国立大学法人等は，教育・研究など公共性を有しているため，「基本構造に関する原則」である資産，負債などの定義，分類や取得原価主義，発生主義などを選択適用することは認められない。
　　また「教育，研究の基礎を形成する事項」である授業料債務や図書の計上なども選択の余地はない。

3．財務諸表の期間比較性

しかしながら，一つの会計処理について二つ以上の会計処理の原則及び手続きの選択適用が認められる場合は皆無とはいえない。そのような場合において，国立大学法人等が選択した会計処理の原則又は手続きを継続して適用しないときは，同一の会計事実について異なる計算結果が算出されることになる。その結果，財務諸表の期間比較を困難ならしめ，国立大学法人等の財政状態及び運営状況に関する国民その他の利害関係者の判断を誤らしめるおそれがある。

したがって，いったん採用した会計処理の原則及び手続きは，正当な理由により変更を行う場合を除き，財務諸表を作成する各事業年度を通じて継続して適用しなければならない。

会計処理方法の選択に関して

	第1期	第2期	第3期	第4期
甲大学：	Ａ法	Ｂ法	Ｃ法	Ｄ法

同一の会計処理が行われていないため期間比較を行うことは困難である

4．会計処理の変更が行われた場合

大学の併合等の組織的変更等が行われて，会計処理の変更に正当な理由があると認められた場合は，会計処理の変更をすることは認められる。この場合にはこの旨を財務諸表に注記しなければならない。

会計処理ではなく，財務諸表の表示を変更した場合も，これを財務諸表に注記しなければならない。

7 保守主義の原則

1. 意義

　国立大学法人等の会計は，予測される将来の危険に備えて慎重な判断に基づく会計処理を行わなければならない。

　しかし，適度に保守的な会計処理を行うことにより，国立大学法人等の財政状態及び運営状況の真実な報告を歪めてはならない。

2. 保守的処理の目的

　この原則は，教育・研究に係る国立大学法人等の業務を確実に実施する観点から不健全な財政状況に陥ることを回避するため，予測される将来の危険に備えて慎重な判断に基づく会計処理を要請するものである。

3. 予測される将来の危機

　予測される将来の危機とは，国立大学法人等の財政を不健全な状況にする危険が生じることを意味する。

　これが具体的に示されているのが，有価証券に関する貸借対照表価額の決定方法などである。

4. 過度な保守主義

　過度な保守主義とは，貸倒れの過大計上や過大な減価償却を行い，資産や利益の過少評価を行うことである。これは過度に保守的な会計処理を行うことにより，意識的に国立大学法人等の財政状態及び運営状況の真実な報告を歪めてはならないことを示している。

もちろん，国立大学法人等に不可避に発生する事象については理論構造及び実質的な計算面では保守主義は必要であることを示す。

◆研　究◆

国立大学法人会計基準では，企業会計原則の一般原則と，これに含まれると解釈されている「重要性の原則」の8項目の中から，企業会計原則の七番目にあたる「単一性の原則」が除外されている。

（単一性の原則）

株主総会提出のため，信用目的のため，租税目的のため等種々の目的のために異なる財務諸表を作成する必要がある場合，それらの内容は，信頼しうる会計記録に基づいて作成されたものであって，政策の考慮のために事実の真実な表示をゆがめてはならない。

（除外理由）

国立大学法人等の作成する財務諸表は，企業会計における財務諸表とは異なり，さまざまな目的により開示されることはない。国立大学法人等の財務諸表は，主務官庁である文部科学省へ提出される。これが国民などの利害関係者に開示される。

この意味では，国立大学法人等の財務諸表は，その提出先や開示する対象が一つであり，企業会計のような異なる提出先は存在しない。そこで国立大学会計基準の一般原則の中には，「単一性の原則」が存在しないわけである。

Chapter 4
財政状態の表示と損益計算の仕組み

1　財政状態の表示

1．財政状態とは何か

　国立大学法人等の財政状態を明らかにするために，貸借対照表日におけるすべての資産，負債及び資本を貸借対照表に記載し，国民その他の利害関係者に，これを正しく表示するものでなければならない。

　従前は，財産は国有財産法と物品管理法によりその管理が行われ，財産台帳や物品管理簿による財産管理が行われていた。また，債権についても債権管理法による債権管理簿による管理が行われていた。今後は，これらの台帳の名称は変わるが，同様の方法により財産の管理は行われる。

　またこれら財産の増減は，複式簿記により作成される会計帳簿でもその残高が把握されることになる。

　貸借対照表における「財政」とは，財産としての資産だけを示すものではなく，債務も含めたものを意味している。

2．作成に関する基本原則

国立大学法人会計基準では，貸借対照表の明瞭表示のために下記の要請をしている。

《明瞭表示の要請》

(1) **表示区分と配列**

貸借対照表には資産の部，負債の部及び資本の部の三区分を設ける。さらに資産の部を固定性配列法に従って，固定資産及び流動資産に，負債の部を同じく固定負債及び流動負債に区分しなければならない。

(2) **総額表示の原則**

資産，負債及び資本は総額によって記載することを原則とし，資産の項目と負債又は資本の項目とを相殺することによって，その全部又は一部を貸借対照表から除去してはならない。

(3) **資産と負債・資本の均衡**

貸借対照表の資産の合計金額は，負債と資本の合計金額に一致しなければならない。

(4) **貸借対照表科目の分類**

① 資産，負債及び資本の各科目は，一定の基準に従って明瞭に分類しなければならない。

② 資産は，固定資産に属する資産，及び流動資産に属する資産に分類しなければならない。同様に，負債は固定負債に属する負債，及び流動負債に属する負債に分類しなければならない。

③ 資本は，資本金に属するもの，資本剰余金に属するもの及び利益剰余金に属するものに分類しなければならない。

(5) **評価勘定の表示方法**

貸倒引当金や減価償却累計額は，その債権又は固定資産の属する科目ごとに，その債権金額又は取得原価から控除する形式で記載するものとする。

chapter 4　財政状態の表示と損益計算書の仕組み

貸借対照表
平成〇年3月31日現在　　　　　　　　（単位：千円）

資　産　の　部			負　債　の　部	
Ⅰ 固定資産			Ⅰ 固定負債	
1 有形固定資産			資産見返運営費交付金等	×××
土　　　　地		×××	資産見返補助金等	×××
建　　　　物	×××		資産見返寄附金	×××
減価償却累計額	×××	×××	長期寄附金債務	×××
構　築　物	×××		建設仮勘定見返施設費	×××
減価償却累計額	×××	×××	長期前受受託研究費等	×××
工具器具備品	×××		長期前受受託事業費等	×××
減価償却累計額	×××		長　期　借　入　金	×××
図　　　　書		×××	国立大学法人債	×××
美術品・収蔵品		×××	退職給付引当金	×××
建　設　仮　勘　定		×××	固定負債合計	×××
有形固定資産合計		×××	Ⅱ 流動負債	
2 無形固定資産			運営費交付金債務	×××
特　　許　　権		×××	授　業　料　債　務	×××
借　　地　　権		×××	預　り　施　設　費	×××
商　　標　　権		×××	寄　附　金　債　務	×××
ソフトウェア		×××	前受受託研究費等	×××
無形固定資産合計		×××	前受受託事業費等	×××
3 投資その他の資産			短　期　借　入　金	×××
投　資　有　価　証　券		×××	未　払　費　用	×××
関　係　会　社　株　式		×××	流動負債合計	×××
長　期　貸　付　金		×××	資　本　の　部	
債　券　発　行　差　金		×××		
投資その他の資産合計		×××	Ⅰ 資　本　金	
固定資産合計		×××	政　府　出　資　金	×××
Ⅱ 流動資産			資本金合計	×××
現　金・預　金		×××	Ⅱ 資本剰余金	
未収学生納付金収入	×××		資　本　剰　余　金	×××
徴収不能引当金	×××	×××	損益外減価償却累計額	×××
未収附属病院収入	×××		民間出えん金	×××
徴収不能引当金	×××	×××	資本剰余金合計	×××
未　　収　　金		×××	Ⅲ 利益剰余金	
有　　価　　証　　券		×××	前中期目標期間繰越積立金	×××
棚　　卸　　資　産		×××	目　的　積　立　金	×××
医薬品・診療材料		×××	当期未処分利益	×××
前　　払　　費　　用		×××	（内：当期総利益	×××）
未　　収　　益		×××	利益剰余金合計	×××
流動資産合計		×××	資　本　合　計	×××
資　産　合　計		×××	負債・資本合計	×××

3．資産の概念

(1) 資産の定義

国立大学法人等の「資産」とは，過去の取引又は事象の結果として国立大学法人等が支配する資源であって，それにより教育・研究の実施能力又は将来の経済的便益が期待されるものをいう。資産は次のように分類される。

国立大学法人の資産の分類

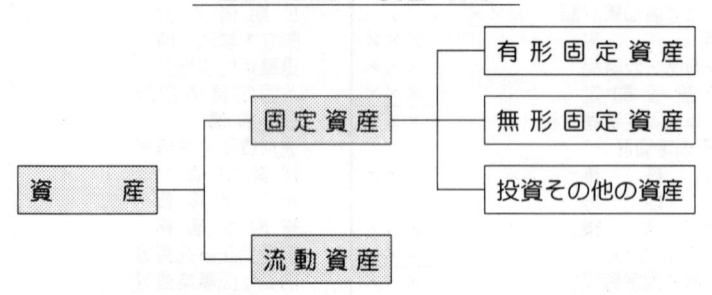

```
              ┌─────────┬─ 有形固定資産
              │         │
資 産 ──┬── 固定資産 ──┼─ 無形固定資産
        │     │         │
        │     │         └─ 投資その他の資産
        │
        └── 流動資産
```

（注）　繰延資産の取扱い

　　商法，企業会計においては資産の分類に関して固定資産，流動資産の他に繰延資産と呼ばれる資産が存在する。国立大学法人等では，この繰延資産を資産として貸借対照表に計上する要因が企業会計に比べると低い。

　　また国立大学法人等の所要の財源措置が，毎事業年度を基準としていることからも，繰延資産はあえて計上しないこととしている。

(2) 固定資産と流動資産の分類根拠

① 通常業務によるもの

国立大学法人等の通常業務により発生した受取手形，未収入金等の債権は流動資産に属するものとする。ただし，これらの債権のうち，破産債権，更生債権及びこれらに準ずる債権で，貸借対照表日の翌日から起算して1年以内に回収されないことが明らかなものは固定資産である投資その他の資産に属するものとする。

② 通常業務以外のもの

　差入保証金等，当該国立大学法人等の通常業務以外によって発生した未収金などの債権で，貸借対照表日の翌日から起算して1年以内に入金の期限が到来するものは，流動資産に属するものとし，1年を超えて到来するものは，投資その他の資産に属するものとする。

③ 現金及び預金の取扱い

　現金及び預金は，原則として，流動資産に属するが，預金については，貸借対照表日の翌日から起算して1年以内に期限が到来するものは，流動資産に属するものとし，期限が1年を超えて到来するものは，投資その他の資産に属するものとする。

④ 有 価 証 券

　売買目的有価証券及び貸借対照表日の翌日から起算して1年以内に満期の到来する国債，地方債，政府保証債その他の債券は流動資産に属するものとする。また，これ以外の有価証券は投資その他の資産に属するものとする。

⑤ 棚 卸 資 産

　製品，原材料，医薬品，診療材料などの棚卸資産は流動資産に属するものとし，国立大学法人等がその業務目的を達成するために所有し，かつ，その加工若しくは売却を予定していない財貨は，固定資産に属するものとする。

⑥ そ の 他

　固定資産のうち残存耐用年数が1年以下となったものも流動資産とせず固定資産に含ませ，棚卸資産のうち恒常在庫品として保有するもの，若しくは余剰品として長期間にわたって所有するものも固定資産とせずに流動資産に含ませるものとする。

(3) 有形固定資産の種類

　国立大学法人等が，通常の業務活動の用に供する次の資産は有形固定資産に属するものとする。

《有形固定資産》
 イ．土　地
 ロ．建物及び附属設備
 ハ．構築物（土地に定着する土木設備又は工作物をいう）
 ニ．機械及び装置並びにその他の附属設備
 ホ．工具，器具及び備品（ただし耐用年数１年以上のものに限る）
 ヘ．図　書
 ト．美術品・収蔵品
 チ．船舶及び水上運道具
 リ．車両その他陸上運道具
 ヌ．建設仮勘定
 ル．その他の有形資産で流動資産又は投資たる資産に属しないもの

(4) 無形固定資産の種類

 特許権，借地権，地上権，商標権，実用新案権，意匠権，鉱業権，漁業権，ソフトウェアその他これらに準ずる資産は無形固定資産に属するものとする。

(5) 投資その他の資産

 流動資産，有形固定資産又は無形固定資産に属するもの以外の長期資産は，投資その他の資産に属するものとする。

《投資その他の資産》
 イ．投資有価証券。ただし関係会社有価証券を除く
 ロ．関係会社株式
 ハ．その他の関係会社有価証券
 ニ．長期貸付金。ただし関係法人に対するものを除く
 ホ．関係法人長期貸付金
 ヘ．破産債権，再生債権，更生債権，その他これらに準ずる債権
 ト．長期前払費用
 チ．債券発行差金

リ．未収財源措置予定額※
ヌ．その他

※未収財源措置予定額とは

国立大学法人等の業務運営に要する費用で，その発生額を後年度において国が財源措置する特定の費用が発生した際に，下記の処理により計上される。

$$\begin{pmatrix}未収財源措置\\予\ 定\ 額\end{pmatrix} \times\times\times \quad \begin{pmatrix}財\ 源\ 措\ 置\\予\ 定\ 額\ 収\ 益\end{pmatrix} \times\times\times$$

(6) 流動資産

次に掲げる資産は，流動資産に属するものとする。

《流動資産》

イ．現金及び預金。ただし1年以内に期限の到来しない預金を除く
ロ．未収入金（通常の業務活動において発生した未収入金をいう。ただし破産債権，再生債権，更生債権その他これらに準ずる債権で1年以内に回収されないことが明らかなものを除く）
ハ．受取手形
ニ．売買目的有価証券など
ホ．商品，製品，副産物及び作業くず
ヘ．仕掛品，半製品，原料及び材料（購入部分品を含む）
ト．医薬品，診療材料
チ．消耗品，消耗工具，器具及び備品その他の貯蔵品で相当価額（50万円）以上のもの
ル．前渡金‥原材料，商品等の購入のための前渡金
ヌ．前払費用‥1年以内に費用となるべきもの
ル．未収収益‥1年以内に対価の支払いを受けるべきもの
ヲ．その他の資産で1年以内に現金化できると認められるもの

(注)　経過勘定項目について

① 前払費用

一定の契約に従い，継続して役務の提供を受ける場合，いまだ提供され

ていない役務に対して支払われた対価をいう。

したがって，前払費用として対価を支払った国立大学法人等においては，いまだ提供されていない役務の提供を受けるという経済的便益が期待されるものであるため，前払費用は資産に属するものとする。

② 前受収益

一定の契約に従い，継続して役務の提供を行う場合，いまだ提供していない役務に対して支払いを受けた対価をいう。

したがって，前受収益として対価の支払いを受けた国立大学法人等においては，いまだ提供していない役務の提供をしなければならず，経済的便益の減少を生じさせるものであるため，前受収益は負債に属するものとする。

③ 未払費用

一定の契約に従い，継続して役務の提供を受ける場合，既に提供された役務に対していまだその対価の支払いが終わらないものをいう。

したがって，既に提供された役務に対して，いまだ対価の支払いを終えていない国立大学法人等においては，その対価の支払いを行わなければならず，経済的便益の減少を生じさせるものであるため，未払費用は負債に属するものとする。

④ 未収収益

一定の契約に従い，継続して役務の提供を行う場合，既に提供した役務に対していまだその対価の支払いを受けていないものをいう。

したがって，既に提供した役務に対して，いまだ対価の支払いを受けていない国立大学法人等においては，その対価の支払いを受けるという経済的便益が期待されるものであるため，未収収益は資産に属するものとする。

4．負債の概念

(1) 負債の定義

国立大学法人等の負債とは，過去の取引又は事象に起因する現在の義務であって，その履行が国立大学法人等に対して，将来，教育・研究の実施又は経済的便益の減少を生じさせるものをいう。この場合に，負債は法律上の債務に限定されないことに留意する。また，負債は，固定負債及び流動負債に分類するものとする。

(2) 固定負債と流動負債の分類根拠
　① 通常業務によるもの
　　　国立大学法人等の通常業務により発生した未払金，前受金等の債務は，流動負債に属するものとする。
　② 通常業務以外のもの
　　　借入金，当該国立大学法人等の通常業務以外によって発生した未払金等の債務で，貸借対照表日の翌日から起算して1年以内に支払いの期限が到来するものは，流動負債に属するものとし，支払いの期限が1年を超えて到来するものは，固定負債に属するものとする。

(3) 固定負債の種類
次に掲げる負債は，固定負債に属するものとする。
　《固定負債》
　　イ．資産見返負債
　　ロ．寄附金債務で1年以内に使用されないと認められるもの
　　ハ．前受受託研究費等で1年以内に使用されないと認められるもの
　　ニ．国立大学財務・経営センター債務負担金
　　ホ．長期借入金
　　ヘ．国立大学法人等債で1年以内に償還されないもの
　　ト．退職給付に係る引当金
　　チ．退職給付に係る引当金及び資産に係わる引当金以外の引当金であって，1年以内に使用されないと認められるもの
　　リ．長期未払金
　　ヌ．その他の負債で流動負債に属しないもの

(4) 流動負債の種類
次に掲げる負債は，流動負債に属するものとする。
　《流動負債》
　　イ．運営費交付金債務
　　ロ．授業料債務‥当該年度に係わる授業料及び前受金に係わる授業料

相当額を振り替えたもの
ハ．預り施設費
ニ．預り補助金等‥下記リ．を除く
ホ．寄附金債務‥固定負債に属するものを除く
ヘ．前受受託研究費等‥固定負債に属するものを除く
ト．前受受託事業費等‥固定負債に属するものを除く
チ．前受金‥年度開始前に受領した当該年度に係る授業料等
リ．預り科学研究費補助金等
ヌ．短期借入金
ル．1年以内償還予定国立大学法人等債
ヲ．未払金で通常の業務活動に基づいて発生したもの
ワ．前受収益で1年以内に収益となるべきもの
カ．未払費用で1年以内に対価の支払いをすべきもの
ヨ．未払消費税等
タ．引当金（資産に係わる引当金及び固定負債に属する引当金を除く）
レ．その他の負債で1年以内に支払い又は返済されるもの

5．資本の概念

(1) 資本の定義

　国立大学法人等の資本とは，国立大学法人等の業務を確実に実施するために与えられた財産的基礎及びその業務に関連し発生した剰余金から構成されるものであって，資産から負債を控除した金額に相当するものをいう。

資本の部の分類

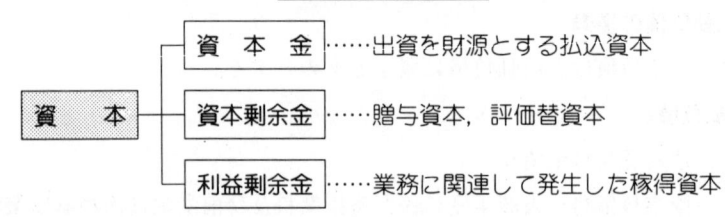

資本
├─ 資本金　　……出資を財源とする払込資本
├─ 資本剰余金……贈与資本，評価替資本
└─ 利益剰余金……業務に関連して発生した稼得資本

国立大学法人等が固定資産を取得した場合において，取得原資拠出者の意図や取得資産の内容を勘案し，国や国立大学財務経営センターからの施設費により土地である非償却資産や特定の償却資産を取得し，その財産的基礎を構成すると認められる場合には，資本剰余金が計上されることになる。

(2) 資本金の区分

　資本金は，政府出資金とそれ以外の者からの出資金（出資者等により適切な名称を付けることを要する）を区分して表示しなければならない。

貸　借　対　照　表
平成〇年3月31日現在　　　　　　　　（単位：千円）

＜資産の部＞	＜資本の部＞	
Ⅰ　固定資産	Ⅰ　資本金	
(1)　有形固定資産	政府出資金	×××
:	地方公共団体出資金	×××
	資本金合計	×××

(3) 資本剰余金の区分

　資本剰余金は，資本剰余金の総額を表示するとともに，特定の償却資産（国から現物出資を受けた償却資産など）に係わる減価償却により生じた損益外減価償却相当額の累計額を「損益外減価償却累計額」として控除して表示しなければならない。

　また資本剰余金として民間出えん金を計上する場合は，民間出えん金の科目により，他の資本剰余金と区別して表示しなければならない。

　　（注）　民間出えん金
　　　　　中期計画等において，国立大学法人等の財産的基礎に充てる目的で民間からの出捐を募ることを明らかにして，この計画により出捐があったものをいう。

貸借対照表

平成〇年3月31日現在　　　　　　　（単位：千円）

<資　産　の　部>		<資　本　の　部>	
Ⅰ　固定資産		Ⅰ　資　本　金	
1　有形固定資産		政府出資金	×××
：		地方公共団体出資金	×××
		資本金合計	×××
		Ⅱ　資本剰余金	
		資本剰余金	×××
		損益外減価償却累計額	(−)×××
		民間出えん金	×××
		資本剰余金合計	×××

（注）　**剰余金の区分**

　　　国立大学法人等の資本は，その運営の元手として拠出されたものであり，維持拘束しなければならないものである。利益は資本を運用した結果として生み出された果実である。この利益は積み立てられることを前提にする。

　　　もし，国立大学法人等の維持しなければならない資本が，利益として取り扱われる場合は，これを維持することはできない。また利益が資本として取り扱われる場合は，利益の隠蔽が行われることになり国立大学法人等の運営状況を正しく表示することはできない。

　　　このために「国立大学法人会計基準」の一般原則の第5における「資本取引・損益取引区分の原則」において，資本取引（資本剰余金），損益取引（利益剰余金）を明確に区別することとしている。

　　　資本剰余金と利益剰余金を区別すると次のようになる。

剰余金の区別

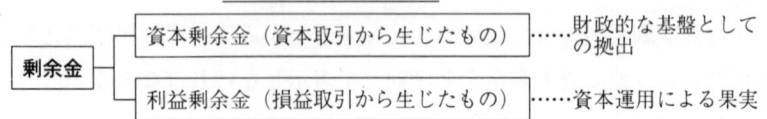

剰余金 ─┬─ 資本剰余金（資本取引から生じたもの）……財政的な基盤としての拠出
　　　　└─ 利益剰余金（損益取引から生じたもの）……資本運用による果実

(4) 利益剰余金の区分

　利益剰余金は，積立金，国立大学法人法において定められている前中期目標期間繰越積立金，中期計画で定める使途に充てるために，使途ごとに適当な名称を付した積立金（目的積立金），及び当期未処分利益に区分して表示する。なお，当期未処分利益の内訳として，当期総利益を表示しな

ければならない。

(5) その他有価証券評価差額金

その他有価証券の評価により発生する評価差額は，利益剰余金の次に別の区分を設け，その他有価証券評価差額金の科目により表示しなければならない。

貸 借 対 照 表

平成〇年3月31日現在　　　　　　（単位：千円）

```
＜資　産　の　部＞                          ：
Ⅰ　固定資産                           ＜資　本　の　部＞
  1　有形固定資産              Ⅰ　資　本　金
     ：                             政 府 出 資 金      ×××
                                    地方公共団体出資金    ×××
                                       資 本 金 合 計            ×××
                              Ⅱ　資本剰余金
                                    資 本 剰 余 金      ×××
                                    損益外減価償却累計額 (−)×××
                                    民 間 出 え ん 金    ×××
                                       資本剰余金合計             ×××
                              Ⅲ　利益剰余金
                                    前中期目標期間繰越積立金 ×××
                                    目 的 積 立 金      ×××
                                    当期未処分利益       ×××
                                    (内：当期総利益      ×××)
                                       利益剰余金合計             ×××
                              Ⅳ　その他有価証券評価差額金          ×××
                                       資　本　合　計             ×××
```

2　損益計算の仕組み

1．企業会計における損益計算

　国立大学法人等は，従来発生する収支を「歳入・歳出」という概念でしか把握していなかった。しかし，これからはこれらの収支にそれぞれ色を付けなければならない。今までが白黒のモノクロの世界であったとすれば，これからは収支を総天然色のカラーで把握することになる。

　このときに，従来にはない新しい「企業会計」の概念が介在することになる。これは収支取引に損益の概念を関連付けようとするものである。

　一般的な企業は，どのような業種であれ利益を追求することを命題にしている。たとえば，物品販売業であれば，販売用の商品を仕入れ，この商品を販売するための人件費や広告宣伝費を経費として支払い，商品を販売することにより販売益という利益が具体的に発生することになる。商品を販売した収益は「成果」と考えることができ，人件費などの支出である費用は，成果を得るための「犠牲」という考え方をすることができる。したがって，企業会計では成果から犠牲を控除したものを「利益」として把握していることになる。

　このような概念は，企業会計ではごく普通の概念であり，国立大学法人等では国からの補助金による経営が行われていたために，このような損益という概念が存在しなかったわけである。

　また，企業会計では，このような利益（損失）を含んだ営業取引を「損益取引」と呼ぶ。

$$収益の総額 - 費用の総額 = 利益$$

(注) **損益取引と資本取引**
　　　企業会計では，この利益（損失）を発生させる損益取引以外にも，資本の増減を生ずる「資本取引」と呼ばれる取引がある。これらの取引は，厳格に区別されることとされている。

2．大学会計における損益計算

　国立大学法人等は大学を運営することにより，教育の提供（教育サービス）により多くの犠牲を払うのは，ある意味では当然のことである。この教育の提供が国立大学法人等における使命であることは事実である。

　この教育サービスの提供による犠牲（支出）のための資金が本来であれば収益のはずである。しかし，多くの国立大学法人等は，このための財源を自ら得るのではなく，その多くは国からの収入に頼らざるを得ない。

　したがって，大学会計では企業会計のように，費用を犠牲，収益を成果と単純に定義することはできない。つまり大学会計では費用を簡単に，収益である成果を得るための犠牲として定義することには限界がある。したがって企業会計の利益計算とは逆に，大学運営のために先に費用が存在し，これが大学の運営のための財源となり，この結果として，もし収入による資金の余剰があれば，これを利益という概念で捉えることができる。

> 費用（犠牲）の総額 ± 収益（成果）の総額 ＝ 利益（余剰）

(注) **費用収益対応の原則**
　　　企業会計では，一会計期間に獲得した利益とこれを得るために犠牲になった費用を対応させることにより利益計算をすることとしている。
　　　国立大学会計基準では，費用の概念が教育サービスのためのコストとして先に存在し，これによる教育サービスの提供により収益が事後的に発生し，資金の余剰として利益が発生するため，企業会計の対応とは逆の関係が発生していると考えられる。

(1) **大学会計で収益（歳入，収入ではないので名称に注意）となるもの**

　国立大学法人等の収益とは，教育・研究の実施，財貨の引渡し又は生産その他の国立大学法人等の業務に関連し，その資産の増加又は負債の減少（その両者）をもたらす経済的便益の増加であって，国立大学法人等の財産的基礎を増加させる資本取引によってもたらされるもの以外のものをいう。

　運営費交付金収益及び当該年度に係わる授業料収入などは適切な会計処理を行った結果，当期の収益として認識された額を損益計算書に表示する。

　入学金収入，検定料収入，附属病院収入，受託研究等収入，受託事業等収入等については，教育・研究等の実施によって実現したもののみをそれぞれ適切な名称を付して表示する。

《具体例》
　　① **運営費交付金収益**‥運営費交付金の全額ではなく，業務を達成した分に見合った金額で運営費交付金債務勘定からの振替額

　　（注）運営費交付金の収益化
　　　　　運営費交付金は当初の交付時に全額を収益に計上することはしない。交付金額は，運営費交付金債務勘定で処理される。このうち，業務の進行に応じて運営費交付金債務勘定から運営費交付金収益勘定へ振り替えることになる。また中期目標期間の終了時において，運営費交付金を使い切らずに，その金額に残額が出た場合は，その残額は精算して運営費交付金収益勘定とされる。

　　② **事 業 収 益**‥入学金収益，授業料収益，検定料収益
　　③ **受託手数料収益等**‥大学が受託研究や入場料収入を得た場合
　　④ **寄附金収益**‥第三者から受けた寄附金を目的に従い支出した場合の寄附金債務勘定からの振替額
　　⑤ **財 務 収 益**‥預金の利息など

(2) **大学会計で費用となるもの**

　国立大学法人等の費用とは，教育・研究の実施，財貨の引渡し又は生産

その他の国立大学法人等の業務に関連し，その資産の減少又は負債の増加（又は両者の組み合わせ）をもたらす経済的便益の減少であって，国立大学法人等の財産的基礎を減少させる資本取引によってもたらされるもの以外のものをいう。具体的には下記のような項目をいう。

《具体例》
① **教 育 経 費**‥教育関係で発生する印刷製本費や行事費など
② **研 究 経 費**‥研究用である減価償却費，水道光熱費など
③ **診 療 経 費**‥附属病院で教育，研究及び診療のために発生する諸費用
④ **教育研究支援経費**‥附属図書館などで発生する諸経費
⑤ **受託研究費等**‥受託研究，共同研究の実施に要する経費
⑥ **受託事業費等**‥受託事業，共同事業の実施に要する経費
⑦ **役員人件費**‥役員に対する給与，賞与，諸手当，退職給与など
⑧ **教員人件費**‥教員（非常勤も含む）に対する給与，賞与，諸手当，退職給与など
⑨ **職員人件費**‥上記⑦⑧を除く一切の者に支払われる人件費
⑩ **一般管理費**‥事務局等の大学法人全体の管理運営を行うために要する経費

3．作成に関する基本原則

　国立大学法人等の運営状況を明らかにするため，損益計算書において一会計期間に属する国立大学法人等のすべての費用とこれに対応するすべての収益とを記載して当期純利益を表示しなければならない。
　さらにこの当期純利益に目的積立金の取崩額を加算して，当期総利益を表示しなければならない。

《明瞭表示の要請》
① **表 示 区 分**
損益計算書には，経常損益計算及び純損益計算の区分を設けなければならないこととされている。

② **総額主義の原則**
費用及び収益は，総額によって記載することを原則とし，費用の項目と収益の項目とを直接相殺することによって，費用・収益の全部又は一部を損益計算書から除去してはならない。

③ **費用収益対応表示の原則**
費用及び収益は，その発生源泉に従って明瞭に分類し，各費用項目とそれに関連する収益項目とを損益計算書に対応表示しなければならない。

④ **損益計算書科目の分類**
　ⅰ　経常損益計算の区分は，当該国立大学法人の業務活動から生じた費用及び収益を記載して，経常利益を計算する。
　ⅱ　純損益計算の区分は，経常損益計算の結果を受けて，固定資産売却損益，災害損失等の臨時損益を記載し，当期純利益を計算する。
　ⅲ　純損益計算の結果を受けて，目的積立金取崩額等を記載し，当期総利益を計算する。

⑤ **費用の表示項目**
業務費及び一般管理費については，これらを構成する費用の内容に応じて区分し，それぞれにその内容を表す適切な名称を付して表示するものとする。

⑥ **収益の表示項目**
　ⅰ　運営費交付金収益及び当該年度に係わる授業料収入は，国立大学法人会計基準に定める適切な会計処理を行った結果，当期の収益として認識された額を表示する。
　ⅱ　入学金収入，検定料収入，附属病院収入，受託研究等収入，受託

事業等収入などについては，教育・研究等の実施によって実現したもののみをそれぞれ適切な名称を付して表示する。

iii 補助金等収益は，国立大学法人会計基準に定める適切な会計処理を行った結果，当期の収益として認識された額を表示する。なお補助金等収益は，補助金等の交付決定区分ごとに適切な名称を付して表示する。

iv 寄付金収入は，国立大学法人会計基準に定める適切な会計処理をを行った結果，当期の収益として認識された額を表示する。

⑦ **損益計算書の様式**

損益計算書の標準様式は，次ページのものを参考にしてほしい。

ただ，紙面上の事情により，その全体を詳細に掲示することはできていない。具体的な表示区分等は「国立大学法人会計基準」及び「国立大学法人会計基準注解」に関する実務指針を参考にしてほしい。

損益計算書

平成○年4月1日
平成○年3月31日
（単位：千円）

経常損益計算	I 経常費用 　1　教育研究業務費 　　(1)　教 育 経 費　　　××× 　　(2)　研 究 経 費　　　××× 　　(3)　診 療 経 費　　　××× 　　(4)　教育研究支援費　×××　××× 　2　一般管理費 　　(1)　役 員 報 酬　　　××× 　　(2)　雑　　　　費　　　×××　××× 　3　財務費用 　　(1)　支 払 利 息　　　　　　××× 　4　雑　　　　　　損　　　　　　××× 　　　経常費用合計　　　　　　　　　　　××× II 経常収益 　1　運営費交付金収益　　××× 　2　授業料収益　　　　　××× 　3　入学金収益　　　　　××× 　4　検定料収益　　　　　××× 　5　受託研究等収益　　　××× 　6　資産見返運営費交付金等戻入　××× 　7　資産見返物品受贈額戻入　××× 　8　附属病院収益　　　　××× 　9　財務収益 　　(1)　受 取 利 息　　　××× 　　(2)　有価証券利息　　　×××　××× 　10　雑　　　　　　益 　　(1)　財産貸付料収入　　××× 　　(2)　物 品 受 贈 益　×××　××× 　　　経常収益合計　　　　　　　　　　　××× 　　　経 常 利 益　　　　　　　　　　　×××	
純損益計算	III 臨時損失 　1　固定資産除却損　　　××× 　2　災 害 損 失　　　　××× 　　　臨時損失合計　　　　　　　　　　　××× IV 臨時利益 　1　固定資産売却益　　　××× 　2　貸倒引当金戻入　　　××× 　　　臨時利益合計　　　　　　　　　　　××× 　　　当 期 純 利 益　　　　　　　　　××× V 目的積立金取崩額　　　　　　　　　　××× 　　　当 期 総 利 益　　　　　　　　　×××	

chapter 4　財政状態の表示と損益計算書の仕組み

損 益 計 算 書

平成○年4月1日
平成○年3月31日

（単位：千円）

費　用　の　部			収　益　の　部		
Ⅰ　経　常　費　用			Ⅰ　経　常　収　益		
1　教育研究業務費			1　運営費交付金収益		×××
(1)　教　育　経　費	×××		2　授　業　料　収　益		×××
(2)　研　究　経　費	×××		3　入　学　金　収　益		×××
(3)　診　療　経　費	×××		4　検　定　料　収　益		×××
(4)　教育研究支援費	×××	×××	5　受託研究等収益		×××
2　一　般　管　理　費			6　資産見返運営費交付金等戻入		×××
(1)　役　員　報　酬	×××		7　資産見返物品受贈額戻入		×××
⋮	⋮		8　寄　附　金　収　益		×××
(7)　その他経費	×××	×××	9　財　務　収　益		
3　財　務　費　用			(1)　受　取　利　息	×××	
(1)　支　払　利　息			(2)　有価証券利息	×××	×××
⋮	×××		10　雑　　　　　　益		
4　雑　　　　損	×××		(1)　財産貸付料収入	×××	
⋮			(2)　記念館入場料収入	×××	
	×××	×××	(3)　物品受贈益	×××	
経常費用合計		×××	⋮	×××	×××
経　常　利　益		×××	経常収益合計		×××
Ⅱ　臨　時　損　失			Ⅱ　臨　時　利　益		
1　固定資産除却損	×××		1　固定資産売却益	×××	
2　災　害　損　失	×××		⋮	×××	
臨時損失合計		×××	臨時利益合計		×××
当期純利益		×××	Ⅲ　目的積立金取崩額		×××
当期総利益		×××			

（注）補足説明

1．基本的区分
　損益計算書は，経常費用と経常収益から構成される「経常損益計算」の区分と臨時損失，臨時利益から構成される「純損益計算」の区分を設ける。

2．経常損益計算
　経常損益計算の区分には，当該国立大学法人等の業務活動から生じた費用及び収益を記載して「経常利益」を計算する。

3．純損益計算
　純損益計算の区分には，固定資産売却損益，災害損失等の臨時損益を記載し「当期純利益」を記載する。

Chapter 5 資産の評価方法

1　固定資産の評価方法

1. 有形固定資産

(1) 取得原価の決定

　貸借対照表に記載する資産の価額は、原則としてその資産の取得原価を基礎として決定しなければならないが、固定資産に関しては下記の点を考慮するものとする。

（評価方法）

1. **無償取得資産**

　　固定資産を譲与、贈与その他無償で取得した場合には、公正な評価額をもって取得原価とする。ただし現物出資により受け入れた資産は下記によるものとする。

2. **現物出資資産**

　　政府からの現物出資として受け入れた固定資産については、国立大学法人法の現物出資の根拠規定に基づき評価委員が決定した価額を取得価額とする。

3．付随費用の取扱い

有形固定資産の取得原価は，原則として当該資産の引取費用等の付随費用を含めて算定した金額とする。

(注) **付随費用に含まれるもの**
固定資産の取得のために直接必要であった費用及び事業の用に供するために直接要した費用を示すが，具体的なものとして引取運賃，荷役費，運送保険料，関税，購入手数料，据付費，試運転費などが考えられる。

(2) 評価方法

有形固定資産については，その取得原価から減価償却累計額を控除した価額をもって貸借対照表価額とする。

また，減価償却が終了した有形固定資産は，使用未使用に係わらず，除却されるまでは固定資産の有形固定資産の部へ残存価額又は備忘価額で記載するものとする。

(注) **備忘価額に関して**
備忘価額とは，償却資産について資産管理上付すものであり，金額の多寡に直接の意味はないが，その資産を除却する際に費用処理することとなるため，国立大学法人等においては，原則的に1円をもって備忘価額とするものとする。

2．無形固定資産

(1) 基本的な評価方法

無形固定資産については，当該資産の取得のために支出した金額から減価償却累計額を控除した価額をもって貸借対照表価額とする。

(注) **有形固定資産との相違**
有形固定資産に減価償却を行う場合には，残存価額を考慮して，その償却計算が行われるが，無形固定資産の償却計算では残存価額（備忘価額）をゼロとして，その償却計算が行われる（有形固定資産も無形固定資産も償却方法は定額法により行われる）。

また，減価償却を行った後の償却累計額に関しては，有形固定資産につい

ては，有形固定資産の種類別に間接控除されることとされているが，無形固定資産については償却累計額を設けることなく償却費を直接控除した残額を貸借対照表に計上することとしている。

■具体例■

下記に示す固定資産に減価償却を行ったものとして，貸借対照表における表示を示しなさい（金額は故意に小さくしている）。

（資料１）

残 高 試 算 表

平成〇年３月31日現在　　　　　（単位：円）

⋮		
建　　　　物	20,001	建物減価償却累　計　額　4,000
特　許　権	6,000	

（資料２）

１．建物に関して耐用年数40年，残存価額は備忘価額の１円として定額法で，500円の減価償却を行うものとする。

２．特許権に関して耐用年数８年（残存価額はゼロ）として定額法により，毎年1,000円を償却している。

■表示例■

貸 借 対 照 表

平成〇年３月31日現在　　　　　（単位：円）

```
  ＜資　産　の　部＞
Ⅰ　固定資産
　(1)　有形固定資産
　　　建　　　　物　20,001
　　　減価償却累計額　4,500　15,501
　　　　　⋮
　(2)　無形固定資産
　　　特　許　権　5,000
```

(2) ソフトウェアの取扱い

　国立大学法人等が，将来の収益獲得や費用削除のために支出した下記に示すような費用は，ソフトウェアとして無形固定資産に計上しなければならない。また，このソフトウェア勘定は耐用年数５年として減価償却を行うものとする。

（ソフトウェア勘定）
　① 外部への業務処理等のサービス提供用
　　　ソフトウェアを用いて，外部に業務処理等のサービスを提供する契約等が締結されている場合のように，その提供により将来の収益獲得が確実であると認められる場合には，適正な原価を集計し，そのソフトウェアの制作に要した費用を無形固定資産であるソフトウェア勘定として処理する。

　② 国立大学法人等内利用
　　　国立大学法人等内で利用するためのソフトウェアについては，完成品を購入した場合のように，その利用により将来の収益獲得又は費用削減が確実であると認められる場合には，そのソフトウェアの取得に要した費用に相当する額を無形固定資産であるソフトウェア勘定として計上しなければならない。

　（注）ソフトウェアとして取り扱わない場合
　　　　機械装置（パソコン等）に当初から組み込まれているソフトウェアについては，原則として当該機械装置等に含めて有形固定資産の減価償却を行うものとする。

3．リース資産の取扱い

(1) リース取引の区別

　リース取引に関しては，契約内容によりファイナンス・リースとオペレーティング・リースに区別して，それぞれの処理を行うものとする。

chapter 5　資産の評価方法

```
リース取引 ─┬─ ファイナンス・リース取引
            └─ オペレーティング・リース取引
```

■研　究■　運営費交付金による資産リース

　運営費交付金を財源として固定資産をリースした場合には，契約内容により，これをファイナンス・リースとオペレーティング・リースに区別しなければならない。この区別と会計処理は次の通りである。

《リース取引の区別》

　① 　ファイナンス・リース

　　ファイナンス・リースとは，リース契約の期間内に，契約の中途解約をすることができないものをいう。借り手がこの契約によるリース物件からもたらされる経済的利益を実質的に享受することができ，かつリース物件の使用に伴って発生するコストを実質的に負担するものをいう。

　② 　オペレーティング・リース

　　オペレーティング・リースとは，ファイナンス・リース取引以外のリース取引をいう。

(2)　リース取引の会計処理

　① 　ファイナンス・リース

　　ファイナンス・リース取引については，通常の固定資産の「売買に係わる方法」に準じて，会計処理を行う。

　　企業会計では，ファイナンス・リース取引に関しては「売買に係わる方法」と「通常の賃貸借取引に係わる方法」の選択を認めているが，国立大学法人会計基準では「売買に係わる方法」で処理することとされている。

《売買に係わる処理方法》

　a 　ファイナンス・リース取引の契約時における処理は，リース資産の取得原価に相当する金額を資産として計上すると同時に同額をリース

債務に計上する。

▶会計処理：

(リース資産)　　×××　　(リース債務)　　×××

b．毎月支払われることになるリース料は，リース債務の返済とこの中に含まれている支払利息部分を意味する。

▶会計処理：

(リース債務)　　×××　　(現金・預金)　　×××
(支払利息)　　×××

c．債務として計上されている運営費交付金は，リース料の支払いと同時に運営費交付金債務勘定から運営費交付金収益勘定に振り替える。

▶会計処理：

(運営費交付金債務)　　×××　　(運営費交付金収益)　　×××

d．ファイナンス・リース取引を売買に係る方法で処理した場合には，決算においてリース資産に減価償却費を計上する必要がある。この場合の減価償却費の計算は，残存価額はゼロとして，耐用年数は資産本来の使用可能年数ではなくリース期間を用いるものとする。

② オペレーティング・リース

オペレーティング・リース取引については，「通常の賃貸借取引に係わる方法」により会計処理を行う。リース期間の中途でその契約を解除できないリース取引に関しては，前払リース料，長期前払リース料を財務諸表に注記する。

◆範例1◆

下記に示す備品のファイナンス・リースに関する取引の会計処理を示しなさい。

設問1 契約成立による，リース資産の受入れに関する処理

設問2 第1回目のリース料の支払いに関する処理

chapter 5　資産の評価方法

> **設問3**　決算における減価償却費に関する処理
> （資　料）
> 1．リース会社におけるこのリース用備品の取得価額は1,200千円であった。
> 2．リース料は毎月23千円であり，第一回目のリース料の支払額の内3千円は，利息に相当する金額である。またこのリース料の支払いは，運営費交付金により充当するものとする。
> 3．この備品のリース期間は5年であり，毎年240千円の減価償却費を計上する。

◎解　答◎
設問1

　リース会社におけるリース物件の購入金額が明らかな場合は，この金額でリース資産を計上する。

　　（リース資産）　1,200千円　（リース債務）　1,200千円

設問2

　運営費交付金によりリース料を支払った場合は，債務として計上済みの運営費交付金を収益に振り替える。運営費交付金に関する債務を収益勘定に振り替えるため，資産見返運営費交付金等勘定などを計上する必要はない。

　また，リース料の金額の中に含まれる支払利息相当額は支払利息として処理する。

　　（リース債務）　　　　20千円　（現金・預金）　　　23千円
　　（支 払 利 息）　　　 3千円
　　（運 営 費
　　　交付金債務）　　　23千円　（運 営 費
　　　　　　　　　　　　　　　　交付金収益）　　　23千円

設問3

　リース資産（備品）の本来の耐用年数ではなく，リース期間を基礎として，残存価額ゼロとして減価償却費を計上する。

（減価償却費）　　240千円＊　　（減価償却累計額）　　240千円

＊　内　訳

$$（\underset{資産計上額}{1,200千円} - \underset{残存価額}{0}）\times \underset{リース期間按分}{\frac{1年}{5年}} = 240千円$$

2　棚卸資産の評価方法

1．基本的評価方法

　棚卸資産については，原則として購入代価又は製造原価に引取費用等の付随費用を加算し，これに原則として移動平均法を適用して算定した取得原価をもって貸借対照表価額とする。

2．低価基準

　棚卸資産の時価が取得原価より下落した場合には，時価をもって貸借対照表価額としなければならない（低価基準）。
　この低価基準を用いる場合の時価は，再調達価額（同一の棚卸資産を新たに取得するため通常要する価額）を用いる。

◆範例2◆

　下記に示す資料は，年度末3月における棚卸資産の受払いに関する資料である。これにより，3月中の払出原価の総額と，期末における棚卸資産の貸借対照表価額を求めなさい。なお，当校では移動平均法を採用している。

（資　料）
　1．3月1日　前月繰越　　200個 × @100円

2．3月5日　入手高　　300個 × @150円
　　　3．3月10日　払　　出　400個
　　　4．3月17日　入手高　　400個 × @110円
　　　5．3月24日　払　　出　300個
　　　6．3月31日　期末における時価は@104円である。

◎解　答◎
1．3月中払出原価の総額
　(1)　3月10日分：400個×@130円*＝52,000円
　　　＊移動平均単価：$\dfrac{200個×@100円+300個×@150円}{200個+300個}$＝@130円
　(2)　3月24日分：300個×@114円*＝34,200円
　　　＊移動平均単価：$\dfrac{100個×@130円×400個×@110円}{100個+400個}$＝@114円
　(3)　3月払出原価：(1)+(2)＝86,200円
2．棚卸資産の貸借対照表価額
　　3月24日における払出単価は@114円であり，その払出数は300個である。時価@104円を考慮すれば，期末棚卸高は次の通りである。
　(1)　期末棚卸資産：　200個×@114円＝22,800円
　(2)　時 価 評 価 額：　200個×@104円＝20,800円（低価基準）

3　有価証券の評価方法

1．基本的評価方法

　有価証券の取得原価は，購入代価に手数料等の付随費用を加算し，これに平均原価法等（具体的方法は，総平均法，移動平均法，先入先出法が考

えられる）の方法を適用して算定した金額とする。

◆範例3◆

当校はA社株式を当年度中に取得しているが，その単価の計算にあたっては，総平均法により計算するものとする。資料により単価を示しなさい。

（資　料）
1．第1回目：@49,500円×100株（他，支払手数料50,000円）
2．第2回目：@59,400円×100株（　〃　　60,000円）
3．第3回目：@39,600円×100株（　〃　　40,000円）

◎解　答◎

(1)　第1回目取得原価：@49,500円×100株+50,000円=5,000,000円
(2)　第2回目　〃　　：@59,400円×100株+60,000円=6,000,000円
(3)　第3回目　〃　　：@39,600円×100株+40,000円=4,000,000円
(4)　総平均単価：$\dfrac{5,000千円+6,000千円+4,000千円}{100株+100株+100株}=50,000円$

2．評価基準

　有価証券は，国立大学法人等が保有する目的により，概ね次の通り四つに分類することができる。それぞれの区分によりその評価方法が定められているので，その内容を紹介する。

(1) 売買目的有価証券

　時価の変動により利益を得ることを目的として保有する有価証券（売買目的有価証券）は，時価をもって貸借対照表価額とし，評価差額は当期の損益として処理する。

　（注）　売買目的有価証券の保有に関して

　　　　国立大学法人等は，利益の獲得を目的とせず独立採算制を前提とするものでないため，基本的には売買目的有価証券をもって，資産運用することはで

きない。

しかし，下記に示す「満期保有目的の債券」を償還期限前に売却した場合は，売却した債券と同年度に購入した残りの満期保有目的の債券の全てについて保有目的の変更があったものとして売買目的有価証券に振り替えることが考えられるため，このようなことを想定して，この規定が設けられている。

(2) 満期保有目的の債券

満期まで所有する意図をもって保有する国債，地方債，政府保証債その他の債券（満期保有目的の債券）は，取得原価をもって貸借対照表価額とする。

ただし，債券を債券金額より低い価額又は高い価額で取得した場合において，取得価額と債券金額との差額の性格が金利の調整と認められるときは，償却原価法に基づいて算定した価額をもって貸借対照表価額としなければならない。

◆範例 4 ◆

平成△5年4月1日に，国債（額面価額50,000千円）を47,000千円で購入した。額面金額と購入額の差額は金利調整分である。この国債の満期は，平成△8年3月31日であり，約定利率（クーポン利率）年6％，利払日は3月末日，9月末日，実効利子率は年8.3％である。

償却原価法による平成△5年9月末日と平成△6年3月31日における処理を(1)利息法　(2)定額法で示しなさい。なお千円未満の端数は四捨五入する（決算年1回　3月31日）。

◎解　答◎

1．利　息　法

利息法は，債券のクーポン受取利息（有価証券利息）総額と金利調整差額の合計額を債券の帳簿価額に対して一定率になるように，複利をもって各期の損益に受取利息として配分する方法である（単位：千円）。

(1) 平成△5年9月30日

(現　　　金)　　1,500*1　(受　取　利　息)　　1,951
(満期保有目的債券)　　451*2

　　＊1　クーポン受取利息：

$$50,000千円 \times 6\% \times \frac{6ヶ月}{12ヶ月} = 1,500千円$$

　　＊2　金利調整差額

$$47,000千円 \times 8.3\% \times \frac{6ヶ月}{12ヶ月} \overset{クーポン利息}{-1,500千円} ≒ 451千円$$

(2) 平成△6年3月31日

(現　　　金)　　1,500　　(受　取　利　息)　　1,969
(満期保有目的債券)　　469*

　　＊金利調整差額

$$(47,000千円 + 451千円) \times 8.3\% \times \frac{6ヶ月}{12ヶ月} - 1,500千円 ≒ 469千円$$

(参　考)

日　　付	①利息配分額	②クーポン利息	③金利調整額	④償却原価
△5年4月1日	−	−	−	47,000
△5年9月30日	1,951	1,500	451	47,451
△6年3月31日	1,969	1,500	469	47,920
△6年9月30日	1,989	1,500	489	48,409
△7年3月31日	2,009	1,500	509	48,918
△7年9月30日	2,030	1,500	530	49,448
△8年3月31日	2,052	1,500	552	50,000
合　　計	12,000	9,000	3,000	−

(注意)

①　利息配分額：④(前回分) × 実効利子率 × $\frac{6ヶ月}{12ヶ月}$

②　クーポン利息：額面総額 × 約定利子率 × $\frac{6ヶ月}{12ヶ月}$

③　金利調整額：①−②

④　償却原価：④(前回分) + ③

2．定　額　法

定額法は、債券の金利調整差額の総額を取得日から償還日までの期間で除して各期に損益を均等に配分する。

(1) 平成△5年9月30日

（現　　　　金）　1,500　（受　取　利　息）　1,500*

＊　内　訳

$$50,000千円 \times 6\% \times \frac{6ヶ月}{12ヶ月} = 1,500千円$$

(2) 平成△6年3月31日

決算日において、クーポン約定利息の受取りに関する処理と金利調整差額分の処理を同時に行う。

（現　　　　金）　1,500*1　（受　取　利　息）　2,500
（満期保有目的債券）　1,000*2

＊1　クーポン受取利息：

$$50,000千円 \times 6\% \times \frac{6ヶ月}{12ヶ月} = 1,500千円$$

＊2　金利調整額

$$(50,000千円 - 47,000千円) \times \frac{12ヶ月}{36ヶ月} = 1,000千円$$

(3) 関係会社株式

関係会社株式は、取得原価をもって貸借対照表価額とする。ただし、当該会社の財務諸表を基礎とした純資産額に持分割合を乗じて算定した額が取得原価よりも下落した場合には、当該算定額をもって貸借対照表価額とし、評価差額は当期の費用として処理するとともに、翌期首に取得原価に洗い替えなければならない。

(注)　切り放し法

売買目的有価証券は、評価差額を当期の損益とし、その後の年度で、時価が回復しても取得原価に戻すような処理は行わない。これを切り放し法という。

◆範例5◆

当校は，関係会社としてA社の株式70,000千円（発行済株式70%）を保有している。A社の当年度における貸借対照表は，次の通りである。評価損の計上と翌期首における洗替えの処理を示しなさい。

（資　料）

貸 借 対 照 表

A　社		（単位：千円）
総　資　産　　230,000	総　負　債	150,000
	資　本　金	100,000
	未処理損失	△20,000
230,000		230,000

◎解　答◎

1．評価損の計上

（関係会社株式評価損益）14,000千円＊　　（関係会社株式）14,000千円

＊　内　訳

　　帳簿価額　　　　資本金　　　未処理損失
　　70,000千円－（100,000千円－20,000千円）×70%＝14,000千円

2．翌期首洗替処理

前期末の決算時における仕訳を消去する処理を行う。

（関係会社株式）14,000千円　　（関係会社株式評価損益）14,000千円

(4)　その他有価証券

　売買目的有価証券，満期保有目的の債券及び関係会社株式以外の有価証券は「その他有価証券」として取り扱われる。しかし，国立大学法人等の場合は，その資金運用の範囲が法令等により定められているために，その枠内でしか有価証券を保有することはできない。したがって，この「その他有価証券」の区分に含まれるものは，きわめて限定的なものに限られる

ものと思われる。

　その他有価証券を保有する場合には，時価をもって貸借対照表価額とし，評価差額はその全額を資本の部に計上し，翌期首に取得原価に洗い替えなければならない（全部資本直入法）。

　資本の部へ計上されるその他有価証券評価差額金については，資本の部へ計上される資本剰余金，利益剰余金とは区別して記載しなければならない。

その他有価証券に関する評価損の計上方法

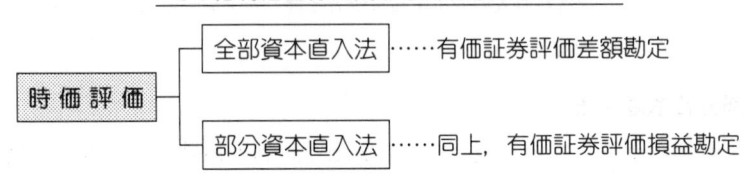

時価評価 ─┬─ 全部資本直入法 …… 有価証券評価差額勘定
　　　　　└─ 部分資本直入法 …… 同上，有価証券評価損益勘定

◆**範例6**◆

　下記に示すその他有価証券について，当期末における評価を(1)全部資本直入法 (2)部分資本直入法でそれぞれ示しなさい。

（資　料）

銘　　柄	取得原価	時　　価	勘定科目
A社株式	700,000円	660,000円	その他有価証券
B社株式	500,000	560,000	〃
計	1,200,000	1,220,000	―

◎解　答◎

1．**全部資本直入法**

　　（有価証券評価差額）　　40,000　　（その他有価証券）　　40,000
　　（その他有価証券）　　60,000　　（有価証券評価差額）　　60,000

　　＊　内　訳
　　　A　社：700,000円－660,000円＝40,000円

B　社：560,000円－500,000円＝60,000円

（参　考）

貸借対照表

I　固定資産		III　利益剰余金	
⋮		IV　その他有価証券 評価差額金	20,000
(3)　投資その他の資産 投資有価証券	1,220,000		

（注意）
　会計処理上の勘定科目と財務諸表上の表示科目の名称が異なっている。また貸借対照表の表示金額は借方と貸方の金額を相殺したものである。

2．部分資本直入法

期末時価が高騰している場合は，有価証券評価差額勘定を計上し，時価が下落している場合は，有価証券評価損益勘定を用いて処理する。

A　社：
（有価証券評価損益）　　40,000　　（その他有価証券）　　40,000

B　社：
（その他有価証券）　　60,000　　（有価証券評価差額）　　60,000

（参　考）

損益計算書

⋮	
II　臨時損失 　　有価証券評価損	40,000

貸借対照表

I　固定資産		III　利益剰余金	
⋮		IV　その他有価証券 評価差額金	60,000
(3)　投資その他の資産 投資有価証券	1,220,000		

■洗替処理■
上記の範例を翌期首の洗替法で示せば次の通りである。
1. 全部資本直入法
　　（その他有価証券）　　40,000　　（有価証券評価差額）　　40,000
　　（有価証券評価差額）　60,000　　（その他有価証券）　　　60,000
2. 部分資本直入法
　　（その他有価証券）　　40,000　　（有価証券評価損益）　　40,000
　　（有価証券評価差額）　60,000　　（その他有価証券）　　　60,000

4　外貨建取引の会計処理

1. 外貨建取引の定義

　外貨建債権債務及び外国通貨の保有状況並びに決裁方法等から，外貨建取引について当該取引発生時の外国通貨の為替相場により記録することが合理的であると認められる場合には，取引発生時の為替相場の額をもって記録する方法を採用することができる。

（外貨建取引の範囲）

　「外貨建取引等会計処理基準」（企業会計審議会　平成11年10月）では外貨建取引の範囲を次の5項目に限定しているが，国立大学法人等には該当しないと思われるものも含まれているが，参考にしてほしい。

(1) **物品販売等**
　　取引価額が外国通貨で表示されている物品の売買又は役務の授受
(2) **金銭債権等**
　　決済金額が外国通貨で表示されている資金の借入れ又は貸付け

(3) **外貨建債券の発行**

券面額が外国通貨で表示されている社債の発行

(4) **前渡金，仮払金等**

外国通貨による前渡金，仮払金の支払い又は前受金，仮受金の受入れ

(5) **デリバティブ取引**

決済金額が外国通貨で表示されている債券や株券などの取得，売却取引等

2．外貨建取引の処理

外貨建取引は，原則として，当該取引発生時の為替相場による円換算額をもって記録するものとする。

この取引発生時の為替相場とは，取引が発生した日における直物為替相場又は合理的な基準に基づいて算定された平均相場を示す。

(例　示)

(1) 直近一定期間の直物相場に基づく場合

取引の行われた月又は週の前月又は前週の直物相場を平均したもの

(2) 直近の一定日における直物為替相場に基づく場合

取引が行われた月若しくは週の前月若しくは前週の末日又は当月若しくは当週の初日の直物相場によるもの

◆範例7◆

当社は，アメリカの企業より研究開発に関する下記の業務委託を受け，契約完了により，その代金の決裁を受けている。

1．平成〇年5月7日受託している研究が完了し，その報告書を受託先へ引き渡した。この研究により＄5,000を来月末日に米ドルで受け取ることとなっている。この日の為替相場は＄1＝＠110円であった。

2．平成〇年6月30日研究受託収益＄5,000の小切手を受け取った。この日の為替相場は＄1＝＠107円であった。

◎解 答◎

1．取引発生時

発生主義に基づき，研究報告時を役務提供の日と考え，この日の為替相場により収益を計上する。

（受託研究等未収金）　550,000*　（受託研究等収益）　550,000

* 内 訳

取引金額　取引日相場
$5,000 × @110円 ＝ 550,000円

2．決 算 時

外貨建金銭債権が決済された場合には，その決済時における為替相場により円換算される。

（現　　　　金）　535,000*1　（受託研究等未収金）　550,000
（為 替 差 損 益）　 15,000*2

*1 決済時の為替相場

　$5,000×@107円＝535,000円

*2 為替差損益

取引発生時　決済時
(@110円 － @107円) × $5,000 ＝ 15,000円

3．在外事務所の換算

国立大学法人等が国外に事務所，研究施設などを有する場合の外貨建取引については，原則として主たる事務所である本部等と同様の処理を行うものとする。

ただし，外国通貨で表示されている在外事務所，研究施設などの財務諸表に基づき国立大学法人等の財務諸表を作成する場合には，この財務諸表の費用，収益については，期中平均相場によることができる。なお，収益性負債の収益化額及び費用性資産の費用化額は，この限りでない。

◆範例8◆

　当校はカリフォルニア州に研究施設があり，本年3月31日付で，決算整理を行わせた結果，下記の資料が現地から送られてきた。これに基づき，在外研究施設の財務諸表を円建で作成せよ。

（資料1）

決算整理後試算表
平成〇年3月31日付　　　（単位：ドル）

現　金　預　金	800	借　　入　　金	1,200
未　　収　　金	700	減価償却累計額	1,800
棚　卸　資　産	800	本　　　　　部	5,000
固　定　資　産	2,000	研究受託等収益	2,000
研　究　経　費	2,300		
受　託　研　究　費	1,600		
一　般　管　理　費	1,300		
減　価　償　却　費	500		
	10,000		10,000

（資料2）

1．棚卸資産は研究資材等であり，移動平均法により計算をしたものである。円換算にあたっては，期末日レートを用いるものとする。
2．固定資産は，前期に取得した償却資産であり，取引時の為替相場は，＄1＝@120円であった。
3．本部においては，カリフォルニア支店勘定の残高が595,000円となっているので，貸借対照表にはこの金額をそのまま計上するものとする。
4．円換算にあたり，期末日の為替相場が＄1＝@108円であり，期中平均為替相場は＄1＝@105円とする。

◎解　答◎

貸　借　対　照　表
平成〇年3月31日現在　　（単位：ドル）

現　金　預　金	86,400	借　　入　　金	129,600	
未　　収　　金	75,600	減価償却累計額	216,000	
棚　卸　資　産	86,400	本　　　　　部	595,000	
固　定　資　産	240,000	当　期　純　損　失	△452,200	
	488,400		488,400	

（換算の内訳）
1. 現 金 預 金：＄　800×@108円（決算日レート）＝　86,400円
2. 未　収　金：＄　700×@108円（　〃　）＝　75,600円
3. 棚 卸 資 産：＄　800×@108円（　〃　）＝　86,400円
4. 固 定 資 産：＄2,000×@120円（取得日レート）＝240,000円
5. 借　入　金：＄1,200×@108円（決算日レート）＝129,600円
6. 減価償却累計額：＄1,800×@120円（取得日レート）＝216,000円

（注）　外国通貨，外貨建債権債務

外国通貨と外貨建債権債務については，決算時における円換算額によるものとする。

損　益　計　算　書
自平成△年4月1日
至平成〇年3月31日　　（単位：ドル）

研　究　経　費	241,500	研究受託等収益	210,000	
受　託　研　究　費	168,000	当　期　純　損　失	452,200	
一　般　管　理　費	136,500			
減　価　償　却　費	60,000			
為　替　差　損	56,200			
	662,200		662,200	

（換算の内訳）
1．研究経費：＄2,300×＠105円（平均レート）＝241,500円
2．受託研究費：＄1,600×＠105円（　〃　）＝168,000円
3．一般管理費：＄1,300×＠105円（　〃　）＝136,500円
4．減価償却費：＄500×＠120円（取得日レート）＝60,000円
5．研究受託等収益：＄2,000×＠105円（平均レート）＝210,000円
6．当期純損失：貸借対照表より452,200円
7．為替差損：貸借差額として

4．外貨建有価証券

外貨建有価証券の換算に際しては，その保有目的により次の方法により換算するものとする。

(1) 満期保有目的の外貨建債券

満期保有目的の外貨建債券については，決算時における為替相場による円換算額をもって貸借対照表価額とする。この際に生ずる評価差額は，当期における為替差損益として処理する。

◆範例9◆

平成○2年10月1日に，満期保有の目的で，外貨建債券を額面額＄2,000で取得した。この債券は，平成○7年9月30日に償還されるものであり，利息は年2％であり3月末，9月末の年2回受取りである。取得日の為替相場＄1＝107円，決算日における相場が＄1＝＠110円として(1)外貨建債券の評価 (2)3月末日付の利息受取りに関する処理をそれぞれ示しなさい。

◎解　答◎

1．外貨建債券の換算

（満期保有目的債券）　6,000　（為　替　差　損　益）　6,000＊

chapter 5　資産の評価方法

＊　内　訳

（ @110円 − @107円 ）× $2,000 ＝ 6,000円
　　決算日レート　取得日レート

２．有価証券利息の計上

（現　金　預　金）　　2,200　　（有価証券利息）　　2,200＊

＊　内　訳

$2,000 × 2 ％ × $\dfrac{6ヶ月}{12ヶ月}$ × @110円 ＝ 2,200円
　　　　　　　　　　　　　　　　　決算日レート

(2)　売買目的の外貨建有価証券

　売買目的の外貨建有価証券については，外国通貨による時価を決算時の為替相場により円換算した額をもって貸借対照表価額とする。この際に生ずる換算差額は，有価証券の決算時の時価を考慮しているため有価証券評価損益勘定とし当期損益で処理する。

◆範例10◆

　当期末において売買目的として保有する外貨建有価証券の資料は下記に示す通りである。なお，決算日における為替相場は＄１＝@109円とする。

（資　料）

銘　柄	株式数	取得価額	取得日レート	決算時価
Ａ社株式	150	$100／株	@110円／$	$ 95／株
Ｂ社株式	200	$120／株	@107円／$	$125／株

◎解　答◎

１．Ａ社株式

（有価証券評価損益）　　96,750＊　　（売買目的有価証券）　　96,750

＊　内　訳

(1)　取得価額：$100×150株×@110円＝1,650,000円

(2) 決算評価額：＄95×150株×@109円＝1,553,250円

　　(3) 評　価　損　益：(1)−(2)＝△96,750円

2．B社株式

　（売買目的有価証券）　　157,000　　（有価証券評価損益）　　157,000＊

　　＊　内　訳

　　(1) 取　得　価　額：＄120×200株×@107円＝2,568,000円
　　(2) 決算評価額：＄125×200株×@109円＝2,725,000円
　　(2) 評　価　損　益：(1)−(2)＝157,000円

(3)　**外貨建の関係会社株式**

　外貨建の関係会社株式については，取得時の為替相場による円換算額を付するものとする。

　ただし，当該会社の財務諸表を基礎とした純資産額に持分割合を乗じて外国通貨により算定した額が，外国通貨による取得原価よりも下落した場合には，当該算定額を決算時の為替相場により円換算した額を貸借対照表価額とする。

　この際に発生する評価に関する換算差額は，関係会社の純資産額などが考慮されていることから，有価証券評価損益勘定とし，当期損益で処理する。

◆範例11◆

　当校が保有する関係会社の株式について，決算時における資料は，下記に示す通りである。なお決算日における為替相場は＄1＝@111円とする。

（資　料）

銘　柄	取得原価	取得日レート	決算日時価	備　考
N　株	＄3,000	@107円／＄	＄310／株	10株
S　株	＄4,000	@112円／＄	−	注

chapter 5　資産の評価方法

（注）　S社の財政状態を示せば次の通りである。当校は，S株の発行済株式100株の20％にあたる20株を所有している。

S　社	貸借対照表		（単位：ドル）
諸　資　産	25,000	諸　負　債	15,000
		資　本　金	12,000
		欠　損　金	△2,000
	25,000		25,000

◎解　答◎

1．N株株式

　外貨建の関係会社株式については，原則的に取得時の為替相場によるものとされているため，期末の時価，決算日レートの変動等を考慮する必要はなく，N株株式については，評価替えは必要ない。

2．S株株式

　（関係会社有価証券）　226,000*　（関係会社株式）　226,000
　　評　価　損　益

　　＊　内　訳
　　⑴　取得原価：＄4,000×@112円／ドル＝448,000
　　⑵　実質価額：
　　　①　純資産額：（＄25,000－＄15,000）÷100株＝@100ドル
　　　②　評価額：@100ドル×@111円×20株＝222,000円
　　⑶　評価損益：⑴－⑵＝226,000円

⑷　外貨建その他有価証券

　外貨建その他有価証券については，外国通貨による時価を決算時の為替相場により円換算した金額を貸借対照表価額とする。

　この評価により生じた有価証券評価差額勘定は資本の部へ計上するものとし，翌期首において洗い替えるものとする（全部資本直入法）。

◆範例12◆

外貨建で保有するその他有価証券について，当期末における評価を(1)全部資本直入法 (2)部分資本直入法でそれぞれ示しなさい。なお，決算日における為替相場は＄1＝＠110円とする。

(資　料)

銘　　柄	株式数	帳簿価額	決算時価	取得日レート
D社株式	200	2,240,000円	＄100／株	＠100円／＄
E社株式	300	2,580,000円	＄ 80／株	＠100円／＄

◎解　答◎

1．全部資本直入法

　　　(有価証券評価差額)　　40,000　　(その他有価証券)　　40,000
　　　(その他有価証券)　　60,000　　(有価証券評価差額)　　60,000

　　＊　内　訳
　　　D社：200株×＄100／株×＠110円－2,240,000円＝△40,000円
　　　E社：300株×＄ 80／株×＠110円－2,580,000円＝60,000円

2．部分資本直入法

　　　(有価証券評価損益)　　40,000　　(その他有価証券)　　40,000
　　　(その他有価証券)　　60,000　　(有価証券評価差額)　　60,000

■参考■

　損益計算書，貸借対照表の表示，及び翌期首における洗替えに関する処理は，p.73，範例6を参照のこと。

(5)　時価，実質価額の著しい下落等

　外貨建有価証券について時価の著しい下落又は実質価額の著しい低下により評価額の引下げが求められる場合には，その有価証券の時価又は実質価額は，外国通貨による時価又は実質価額を決算時の為替相場より円換算した額とする。

また，これによって生じた換算差額は，有価証券評価損として当期の損失として処理するものとする。

◆範例13◆

保有する外貨建有価証券のうち，下記の有価証券の評価額が著しく下落したため，それぞれ評価損を計上するものとする。なお，決算日における為替相場は＄1＝@107円とする。

（資　料）

銘　　柄	保有目的	取得価額	期末時価	備　　考
S社株式	売買目的	2,200千円	＄95／株	100株
O社株式	関係会社	3,240千円	－	（注）

（注）　O社株式200株は，その実質価額を当校の持分などを考慮して評価すると1株あたり＄70の評価額となる。

◎解　答◎

1．S社株式

　（有価証券評価損）　1,183,500　　（売買目的有価証券）　1,183,500

　　＊　内　訳

　　　帳簿価額
　　　2,200千円－＄95×100株×@107円＝1,183,500円

2．O社株式

　（有価証券評価損）　1,742,000　　（関係会社株式）　1,742,000

　　＊　内　訳

　　　帳簿価額
　　　3,240千円－＄70×200株×@107円＝1,742,000円

Chapter 6 資金源泉の種類

1 国からの交付

1. 運営費交付金

　運営費交付金は，大学運営のために国から交付されたもので，大学の業務運営の財源である。その用途は，本来の大学運営費としてもいいし，大学施設の拡充などのための支出としても使用できる。また残額は中期目標の期間内だけ繰り越すことができ，中期目標の最後の期間では，その残額を収益に振り替えなければならない。

　運営費交付金の受入時は，その全額をいったん運営費交付金債務（流動負債）として計上する。

＜交付金受入時＞

　　（現　金　・　預　金）　　×××　　（運　営　費　　）　×××
　　　　　　　　　　　　　　　　　　　（交 付 金 債 務）
　　　　　　　　　　　　　　　　　　　　－流　動　負　債－

(1) 運営費交付金と固定資産の取得

　固定資産を取得することを前提にした場合の運営費交付金の流れを示せば，次の通りである。

《科目の流れ》
① 国から交付された運営費交付金は運営費交付金債務勘定で処理される。
② 運営費交付金により，非償却資産である土地を購入した場合は，運営費交付金債務勘定を資本剰余金勘定へ振り替える。
③ 運営費交付金で建物や備品などの償却資産を購入した場合は，運営費交付金債務勘定を資産見返運営費交付金等勘定へ振り替える。
④ 運営費交付金で取得した償却資産に減価償却費を計上する場合は，償却費相当額を資産見返運営費交付金等勘定から資産見返運営費交付金等戻入勘定へ振り替える。

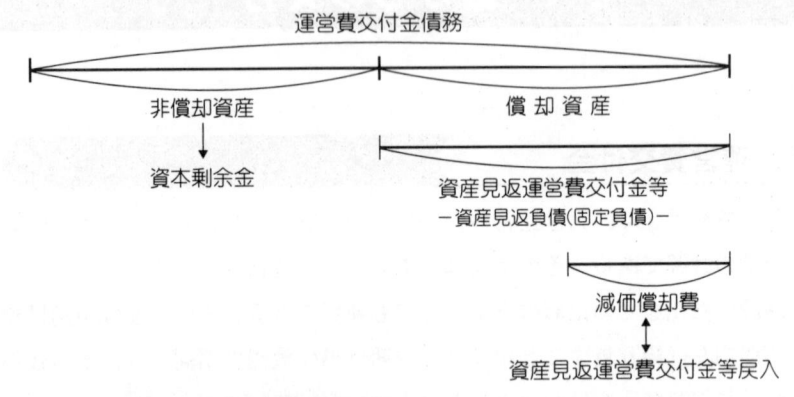

```
                    運営費交付金債務
├─────────────────┼─────────────────┤
      非償却資産              償却資産
         ↓           ├─────────────────┤
      資本剰余金        資産見返運営費交付金等
                     －資産見返負債(固定負債)－
                              ├──────────┤
                                減価償却費
                                   ↕
                           資産見返運営費交付金等戻入
```

(注) **運営費交付金の業務関連の支出**

運営費交付金が，固定資産の取得ではなく，大学運営のための経費などに支出された場合は，運営費交付金債務勘定を運営費交付金収益勘定へ振り替える。また運営費交付金の残金は債務としてそのまま翌期に繰り越す。

ただし，中期計画期間の最終年度の運営費交付金の残金は，「精算のための収益化」として，運営費交付金収益とされる。

(運営費交付金債務)　×××　　(運営費交付金収益)　×××
－流　動　負　債－　　　　　　－経　常　収　益－

(2) 運営費交付金と業務活動の関係

業務運営の財源になる運営費交付金は，大学の業務活動の進行，又は会

計年度の進行に応じて，運営費交付金債務から収益勘定へ振り替えられる。

この収益に振り替えられる方法には，次の三つの基準が考えられる。ただし，国立大学は「期間進行型」により収益を計上することを基本とする。

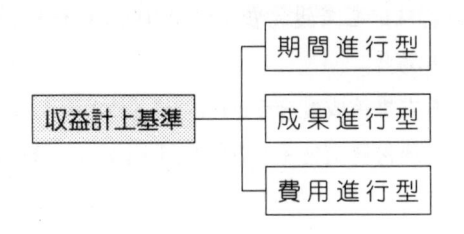

```
                   ┌── 期間進行型
収益計上基準 ──────┼── 成果進行型
                   └── 費用進行型
```

《会計処理》

① **期間進行型…原則法**

　　国立大学法人等における教育・研究という業務の実施に関しては，一般的にその進行度合の客観的な測定は困難である。このため，中期計画及びこれを具体化する年度計画等において，業務と運営費交付金が期間的に対応しているものとして，一定の期間経過を業務の進行とみなして，運営費交付金を収益化する。

② **成果進行型**

　　国立大学法人等におけるいわゆるプロジェクト研究等の中には，達成度の測定が可能である場合も想定される。そうした業務においては，成果を達成するごとに当該額を収益化していく手法によることも適当と考えられる。このような場合，会計監査が適切に行えるような客観的な基準をもって業務を特定し，適用する進行基準を定めるべきことに留意する必要がある。

③ **費用進行型**

　　上記の期間進行型，成果進行型による業務と交付金との対応関係が示されない場合には運営費交付金債務は，業務のための支出額を限度として収益化を行う。

◆範例1◆

下記に示す資料により，当年度に受け入れた運営費交付金債務100,000千円を運営費交付金収益へ振り替える仕訳を示しなさい。

設問1 事業年度の進行に応じて運営費交付金100,000千円を使用し期間進行型による場合

設問2 当年度における成果達成度合が80％で成果進行型による場合

設問3 当年度において運営費交付金を70,000千円支出し費用進行型による場合

◎解　答◎

設問1

期間進行型により運営費交付金を収益化する場合は，運営された業務と交付を受けた運営費交付金が期間的に対応していると考えて，運営費交付金の総額を運営費交付金収益として計上する。

（運営費交付金債務）　100,000千円　（運営費交付金収益）　100,000千円

設問2

成果進行型で収益計上を行う場合は，当年度におけるプロジェクトの進行度合で収益を計上する。

（運営費交付金債務）　80,000千円　（運営費交付金収益）　80,000千円*

＊内　訳
100,000千円×80％＝80,000千円

（利益の計上）

期間進行型及び成果進行型による収益の計上では，当年度において業務運営に実際に支出した金額である費用が，運営費交付金収益に計上した金額に満たないことも考えられる。この場合は，その差額がいわゆる利益として計上されることになる。

| 例 | 会計年度内に実際に支出した費用が78,000千円だったとした場合

　　　　　　　　運営費交付金収益　　費用額　　　利益
　　期間進行型：100,000千円－78,000千円＝22,000千円
　　成果進行型：　80,000千円－78,000千円＝　2,000千円

設問3

　費用進行型では，支出した費用の額に応じて運営費交付金の収益化を行う。この費用進行型は，中期計画等で業務と交付金との対応関係が明らかでない場合に用いられる方法である。

　なお，費用進行型では，実際に支出した金額と同額の運営費交付金収益が計上されるために，利益が計上されることはない。

　（運営費交付金債務）　70,000千円　（運営費交付金収益）　70,000千円

◆**範例2**◆

　下記に示す資料により，国から交付を受けた運営費交付金に関する仕訳を示しなさい。

（資　料）

1．1億円の運営費交付金を予算として国に請求した。
2．上記1.の運営費交付金1億円を当座預金に入金した旨の連絡を受けた。
3．上記1.の運営費交付金30,000千円で教員人件費を現金で支払った。なお費用進行型で収益を計上するものとする。
4．上記1.の運営費交付金20,000千円で建物を購入し，小切手を振り出した。

◎解　答◎

1．資産，負債などの増減がないので経理上の取引には該当しないので，仕訳はできない。

2．（当座預金）　100,000千円　（運営費交付金債務）　100,000千円
3．（教員人件費）　30,000千円　（現　　　　金）　30,000千円
　　（運営費交付金債務）　30,000千円　（運営費交付金収益）　30,000千円
4．（建　　　物）　20,000千円　（当座預金）　20,000千円
　　（運営費交付金債務）　20,000千円　（資産見返運営費交付金等）　20,000千円

2．施 設 費

　施設費は土地建物などである固定資産の購入を目的にして，国が大学に拠出した施設補助金である。大学は施設費を受け入れた時点では，国から仮に資金を預かったものと考えることができる。したがって，この金額は，大学にとっては固定資産を購入しなければならない義務を示すため負債勘定で処理しなければならない。

施設費受入時：

　　（現金・預金）　×××　　（預り施設費）　×××
　　　　　　　　　　　　　　　－流動負債－

　運営費交付金は，本来の大学運営のために使用したり，固定資産の取得をすることもできるが，この施設費は固定資産などの設備充実のためだけ使用される。

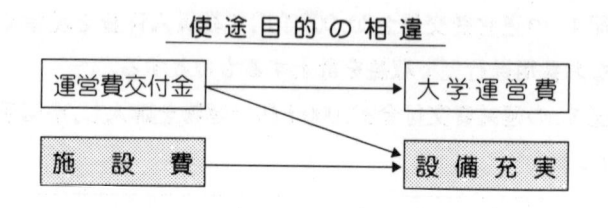

使途目的の相違

運営費交付金　→　大学運営費
施 設 費　→　設備充実

　資産である土地・建物を購入すれば，取得金額相当額を預り施設費勘定から資本剰余金勘定へ振り替える。

chapter 6　資金源泉の種類

固定資産購入時：
　（固　定　資　産）　×××　　（現　金・預　金）　×××
　（預　り　施　設　費）　×××　　（資　本　剰　余　金）　×××

◆範例3◆

下記に示す資料により，国から交付を受けた施設費に関する仕訳を示しなさい。

（資　料）
1．施設費に関する予算200,000千円を国に交付要請した。
2．上記1．の金額が，全額当校の普通預金口座へ振り込まれた。
3．上記1．の金額の内70,000千円で建物を購入し普通預金から引き出して支払った。

◎解　答◎
1．資産，負債などの増減がないので経理上の取引には該当しないので，仕訳はできない。
2．（普　通　預　金）200,000千円　（預　り　施　設　費）200,000千円
3．（建　　　　　物）70,000千円　（普　通　預　金）70,000千円
　（預　り　施　設　費）70,000千円　（資　本　剰　余　金）70,000千円

2　大学独自の調達

1．授業料収入

(1) 通常の授業料の受入れ

学生が納付した，入学金や授業料などは，発生主義により収益計上を行

う。したがって，学生から受け取った授業料は，受領時に授業料債務勘定で計上して，期間の進行に応じて収益に計上する。

① 当年度分の授業料

授業料は，一般的に年度の初めと中途の2回に分けて徴収する。授業料受領時は授業料債務を計上する。

《会計処理》

(現金・預金)　×××　(授業料債務)　×××
　　　　　　　　　　　－流動負債－

② 次年度分年度の授業料

3月末に翌年度の授業料を前受けしたような場合は，前受金(債務勘定，流動負債)として処理し，当年初日付で授業料債務勘定へ振り替える。

《会計処理》

(現金・預金)　×××　(前　受　金)　×××
　　　　　　　　　　　－流動負債－

③ 授業料債務の収益化

学期の進行に応じて期間進行基準により授業料債務勘定を授業料収益勘定に振り替える。したがって原則として会計年度末に授業料債務勘定が残ることはない。

《会計処理》

(授業料債務)　×××　(授業料収益)　×××

(2) 奨学金の取扱い

また，成績優秀などの理由により学費免除をした場合は，従来は減免承認手続に基づく不能欠損としての歳入控除処理が行われていた。しかし，新しい処理ではいったん未収入金(未収学生納付金勘定)及び授業料債務勘定を計上する。その後，授業料債務勘定は期間の進行に応じて収益化し，未収学生納付金は奨学費勘定へ振り替える。

《会計処理》

（未収学生納付金）	×××	（授業料債務）	×××

学期進行に応じて ⬇

（授業料債務）	×××	（授業料収益）	×××
（奨　学　費）	×××	（未収学生納付金）	×××

(3) 退学による返還

　現在，授業料は年２回，４月と10月に前期・後期分を受け入れている。このときに学生によっては４月期に年間授業料を全納している場合もある。この前期，後期の授業料は，それぞれ各期に１日でも在籍していれば授業料の返還は行われない。

　したがって，年度中途７月に退学する学生がいる場には，前期分の授業料は期間進行基準に応じて収益を計上し，もし後期分の10月以降の授業料を受領していれば，受領時に計上した授業料債務勘定を預り金勘定へ振替処理しなければならない。

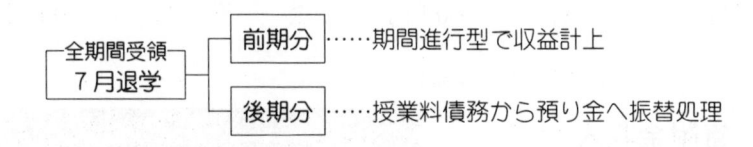

```
全期間受領 ┬ 前期分 …… 期間進行型で収益計上
７月退学   └ 後期分 …… 授業料債務から預り金へ振替処理
```

(4) 新入学生からの授業料等

　新入学生からの授業料は，新年度が開始する以前に入学金とともに振り込まれるのが一般的である。この場合には，新年度が開始するまでの間は，前受金（前受学生納付金収入）などで処理される。

授業料等の受入時：

（現金・預金）	×××	（前受学生納付金収入）	×××

新年度開始時：

（前受学生納付金収入）	×××	（授業料債務）	×××
		（入学金収益）	×××

◆範例4◆

　下記に示す，学生からの授業料の取扱いについて，その仕訳を示しなさい。受払いに関しては現金預金で行われたものとする。
（資　料）
1．学生から前期分の授業料234,000千円と後期分の授業料223,000千円を入金した。
2．成績優秀の学生に関する授業料25,300千円について学費を減免するものとする。この金額は，上記1．の中には含まれていない。
3．退学者に対して，すでに払い込まれた後期分の授業料（預り金勘定で処理済）500千円を返還した。

◎解　答◎
1．（現　金　・　預　金）　457,000千円　（授　業　料　債　務）　457,000千円
2．（授　業　料　債　務）　　25,300千円　（授　業　料　収　益）　　25,300千円
　　（奨　　　学　　　費）　　25,300千円　（未収学生納付金）　　　25,300千円
3．（預　　　り　　　金）　　　　500千円　（現　金　・　預　金）　　　　500千円

2．寄附金収入

　国立大学法人等が寄附金を受け取った場合は，寄附をした者がその使途を特定した場合，また国立大学法人等が寄附に先立ってあらかじめ計画的に使途を特定した場合は，寄附金を受け取ったときに債務である寄附金債務勘定を計上しなければならない。
　また，使途を特定したと認められない場合は，寄附金の受入時に収益である寄附金収益勘定に計上するものとする。

寄附金の会計処理のまとめ

	使途特定の場合	使途不特定の場合
寄附金受領時	（現金・預金）　××× 　　（寄附金債務）　×××	（現金・預金）　××× 　　（寄附金収益）　×××
目的支出時	（寄附金債務）　××× 　　（寄附金収益）　×××	特に仕訳は必要ない

（運営費交付金と寄附金の相違点）
1. 受 入 時

　　運営費交付金は，受入時には債務として運営費交付金債務勘定が使用される。寄附金は受入時に使途が特定されていれば，債務である寄附金債務勘定で処理され，使途が特定されていない場合は収益として寄附金収益勘定が用いられる。

2. 収 益 化

　　運営費交付金は収益の計上基準により，①期間進行型，②成果進行型，③費用進行型で処理される。寄附金は，その支出額に応じて収益が計上されるので，その支出額を前提として費用進行型しか認められない。

3. 精　算

　　中間計画の満了した時点で未使用の運営費交付金がある場合は，その未精算の残高を運営費交付金債務勘定から運営費交付金収益勘定へ振り替え，その収益化が行われる。

　　寄附金の未使用分は，収益化する必要はなく，その残額はすべて次の中期計画期間へ繰り越されることになる。

◆範例5◆
大学が受け取った寄附金に関しての会計処理を示しなさい（現金・預金勘定を使用）。

(資　料)
1．政府関連の団体から，特定の生産技術開発の目的で100,000千円の寄附を受けた。この金額の内10,000千円は，使途が特定されていないものである。
2．上記1．の生産技術の開発のために60,000千円を支出した。
3．中期計画内で研究は完了しなかった。残額の寄附金が一部未使用である。

◎解　答◎
1．(現　金　・　預　金)　100,000千円　(寄　附　金　債　務)　90,000千円
　　　　　　　　　　　　　　　　　　　　(寄　附　金　収　益)　10,000千円
2．(研　究　経　費)　60,000千円　(現　金　・　預　金)　60,000千円
　　(寄　附　金　債　務)　60,000千円　(寄　附　金　収　益)　60,000千円
3．仕訳は不要である。未使用の寄附金は，次の中期計画期間へ繰り越すことができる。

3．教育・研究の受託による収入

(1) 基本的な処理

　国立大学法人等が，教育・研究の受託に伴い得た収入については，その教育・研究の実施によって成果が実現したもののみを，各期の収益として計上する。

収益の計上：

(受託研究等未収金)　　×××　　(受託研究等収益)　　×××
　　　　　　　　　　　　　　　　　－経　常　収　益－

《実現の概念》

　収益計上の際の「実現」と呼ばれる概念は，次の二つの条件を備えている必要がある。
①　サービス提供完了…受託を受けた第三者に対して財貨の引落し，又

はサービスの提供が完了していること。
② 現金等価物の受領…上記①による，現金又は現金等価物（未収金でもよい）の受入れがある。

◆範例6◆

国立大学法人等が国からの研究を受託した場合の一連の会計処理を示しなさい。

（資　料）
1．経済産業省から産業構造の改革に関する研究，報告に関する資料作成として，その基礎となる調査とその統計に関する依頼があり，これに関する契約を30,000千円で取り交わした。
2．契約により，上記1．の調査のために準備資金として契約額の80%である24,000千円の請求書を発行した。
3．上記2．の金額が大学の普通預金口座に振り込まれた。
4．調査，報告が完了し，その報告書を経済産業省へ提出し，これにより残金6,000千円の請求を行った。
5．上記4．の金額が普通預金口座へ振り込まれた。

◎解　答◎

1．契約のため会計上の取引に該当せず，仕訳はない。
2．単なる前受金の支払請求であり，これも仕訳はない。
3．（普　通　預　金）24,000千円　（前　受　受　託 ／ 研　究　費　等）24,000千円
4．（前　受　受　託 ／ 研　究　費　等）24,000千円　（受託研究等収益）30,000千円
　　（受　託　研　究　等 ／ 未　　収　　金）6,000千円
5．（普　通　預　金）6,000千円　（受　託　研　究　等 ／ 未　　収　　金）6,000千円

(2) 複数年の受託研究

受託した研究が単年度で完了せずに，複数年必要な場合には，受託収益

をどのようにして計上するかという問題が生じる。

　受託研究等は，請負契約であって，契約締結の段階で総収益と総原価が当事者間で合意されてはいるものの，大半の受託研究等において客観的な成果の測定が困難であること，さらに大学によっては受託研究等が大量に発生していることが想定されることから，事務処理上の便宜も勘案し，その研究のための費用化額を限度として収益化することを原則とする（→完成基準）。

　なお研究開発の進行状況が客観的に把握可能であり，金額に重要性がある受託研究等については，研究の進行程度に応じて収益を認識する進行基準により収益化することもできる（→進行基準）。

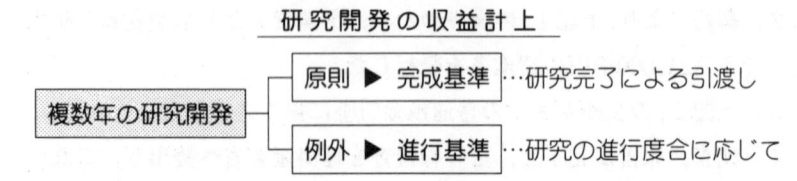

研究開発の収益計上

複数年の研究開発
- 原則 ▶ 完成基準 …研究完了による引渡し
- 例外 ▶ 進行基準 …研究の進行度合に応じて

◆範例7◆

　国立大学法人等が，4年間の期限付で研究開発を受託した場合，その契約時に受託手数料40,000千円を受け取った場合に，受託研究が完了し，その引渡しが行われた際に収益を計上する一連の会計処理を示しなさい。

（資　料）
1．受託料40,000千円が普通預金口座へ振り込まれた。
2．1年目の研究開発費が8,000千円発生したので，この金額を受託研究費勘定から流動資産である繰延研究開発費勘定へ振り替える。
3．研究開発が完了したので，その報告及び引渡しを行った。3年目までで累積した繰延研究開発費が36,000千円あり，4年目の当年度では受託研究費が4,000千円発生している。この4,000千円は，便宜上収益計上時に現金で支払った処理を行う。

◎解　答◎

1. （普通預金）　40,000千円　（前受受託研究費等）　40,000千円
2. （繰延研究開発費）　8,000千円　（受託研究費）　8,000千円
3. （前受受託研究費等）　40,000千円　（受託研究等収益）　40,000千円
　（受託研究費）　40,000千円　（繰延研究開発費）　36,000千円
　　　　　　　　　　　　　　　（現　　　金）　4,000千円

◆範例8◆

　国立大学法人等が，4年間の期限付で民間企業から研究開発を受託した場合，その契約時に受託手数料120,000千円（現金・預金勘定）全額を受け取っている。この複数年の受託研究を進行基準で収益計上する処理を示しなさい。

（資　料）

1. 発生すると予想される研究開発費の総額は100,000千円であり，各年度で発生した受託研究費の金額は次の通りである。支払いは現金・預金勘定で処理する。

(単位：千円)

	第4年度	第5年度	第6年度	第7年度	合　計
開発費	20,000	30,000	40,000	10,000	100,000

2. 成果進行型を前提にして収益を計上する。

◎解　答◎

1. 受入時：
　（現金・預金）　120,000千円　（前受受託研究費等）　120,000千円
2. 第4期：
　（受託研究費）　20,000千円　（現金・預金）　20,000千円
　（前受受託研究費等）　24,000千円　（受託研究等収益）　24,000千円＊
3. 第5期：
　（受託研究費）　30,000千円　（現金・預金）　30,000千円

|（前 受 受 託）
　研 究 費 等| 36,000千円 |（受託研究等収益）| 36,000千円＊ |

4．第6期：

|（受 託 研 究 費）| 40,000千円 |（現 金・預 金）| 40,000千円 |
|（前 受 受 託）
　研 究 費 等| 48,000千円 |（受託研究等収益）| 48,000千円＊ |

5．第7期：

|（受 託 研 究 費）| 10,000千円 |（現 金・預 金）| 10,000千円 |
|（前 受 受 託）
　研 究 費 等| 12,000千円 |（受託研究等収益）| 12,000千円＊ |

　＊　収益計上額の内訳

$$第4期：120,000千円 \times \frac{20,000千円}{100,000千円} = 24,000千円$$

$$第5期：120,000千円 \times \frac{30,000千円}{100,000千円} = 36,000千円$$

$$第6期：120,000千円 \times \frac{40,000千円}{100,000千円} = 48,000千円$$

$$第7期：120,000千円 \times \frac{10,000千円}{100,000千円} = 12,000千円$$

(3)　大学の独自収入と運営費交付金の按分

　大学の独自収入等で計上されるべき費用と運営費交付金で計上する費用をどのように振り分けるのかが問題になる場合がある。例えば，運営費交付金と本来の業務との対応関係を明らかにすることが困難な場合には，次のような方法でそれぞれの金額を処理する。

◆具体例◆

◎事　　例１……………………………………………………………………

　収入：運営費交付金収入　　1,000千円　　授業料収入　　　600千円
　支出：研 究 業 務 費　　1,200千円　　償却資産購入　　400千円

……………………………………………………………………………………

①　固定資産購入が運営費交付金から購入されたと特定できる場合

|（現 金・預 金）| 1,000千円 |（運 営 費
　交付金債務）| 1,000千円 |
|（固 定 資 産）| 400千円 |（現 金・預 金）| 400千円 |

（現　金　・　預　金）	600千円	（授　業　料　収　益）	600千円
（業　務　研　究　費）	1,200千円	（現　金　・　預　金）	1,200千円
（運　営　費 交 付 金 債 務）	400千円	（資　産　見　返 運営費交付金等）	400千円
（運　営　費 交 付 金 債 務）	600千円	（運　営　費 交 付 金 収 益）	600千円*

* 運営費交付金債務の残高は600千円（＝1,000千円−400千円）であり，自己収入である授業料は600千円である。運営費交付金は，運営費交付金債務残高と当該収益とで財源を按分して支出したものとみなし収益化する。

$$1,200千円 \times \frac{授業料収入\ 600千円}{運営費交付金\ 600千円\ +\ 授業料収入\ 600千円} = 600千円$$

② 固定資産購入が運営費交付金から支出したものと特定できない場合

（現　金　・　預　金）	1,000千円	（運　営　費 交 付 金 債 務）	1,000千円
（固　定　資　産）	400千円	（現　金　・　預　金）	400千円
（現　金　・　預　金）	600千円	（授　業　料　収　益）	600千円
（業　務　研　究　費）	1,200千円	（現　金　・　預　金）	1,200千円
（運　営　費 交 付 金 債 務）	250千円	（運　営　費 交 付 金 収 益）	250千円*1
（運　営　費 交 付 金 債 務）	750千円	（運　営　費 交 付 金 収 益）	750千円*2

*1　固定資産相当分

$$固定資産原価\ 400千円 \times \frac{運営費交付金\ 1,000千円}{運営費交付金\ 1,000千円+授業料収入\ 600千円} = 250千円$$

*2　運営費交付金からの支出額

$$業務研究費\ 1,200千円 \times \frac{運営費交付金\ 1,000千円}{運営費交付金\ 1,000千円+授業料収入\ 600千円} = 750千円$$

◎事 例2
　　収入：運営費交付金収入　　1,000千円　　授業料収入　　800千円
　　支出：研究業務費　　　　　1,200千円　　償却資産購入　400千円

① 固定資産購入が運営費交付金から購入されたと特定できる場合

　　（現金・預金）　　　1,000千円　　（運営費交付金債務）　1,000千円
　　（固定資産）　　　　　400千円　　（現金・預金）　　　　　400千円
　　（現金・預金）　　　　800千円　　（授業料収益）　　　　　800千円
　　（業務研究費）　　　1,200千円　　（現金・預金）　　　　1,200千円
　　（運営費交付金債務）　400千円　　（資産見返運営費交付金等）400千円
　　（運営費交付金債務）　514千円　　（運営費交付金収益）　　514千円＊

　　＊　運営費交付金の収益化

$$\text{業務研究費}\ 1,200\text{千円} \times \frac{\underset{\text{運営費交付金}}{1,000\text{千円}} - \underset{\text{償却資産}}{400\text{千円}}}{\underset{\text{運営費交付金　償却資産}}{(1,000\text{万円}-400\text{千円})} + \underset{\text{授業料収入}}{800\text{千円}}} \fallingdotseq 514\text{千円}$$

② 固定資産購入が運営費交付金から支出したものと特定できない場合

　　（現金・預金）　　　1,000千円　　（運営費交付金債務）　1,000千円
　　（固定資産）　　　　　400千円　　（現金・預金）　　　　　400千円
　　（現金・預金）　　　　800千円　　（授業料収益）　　　　　800千円
　　（業務研究費）　　　1,200千円　　（現金・預金）　　　　1,200千円
　　（運営費交付金債務）　222千円　　（運営費交付金収益）　　222千円＊1
　　（運営費交付金債務）　666千円　　（運営費交付金収益）　　666千円＊2

　　＊1　固定資産相当分

$$\underset{\text{固定資産原価}}{400\text{千円}} \times \frac{\overset{\text{運営費交付金}}{1,000\text{千円}}}{\underset{\text{運営費交付金　授業料収入}}{1,000\text{千円}+800\text{千円}}} \fallingdotseq 222\text{千円}$$

＊2　運営費交付金からの支出額

$$業務研究費 \ 1,200千円 \times \frac{運営費交付金 \ 1,000千円}{1,000千円+800千円} ≒ 666千円$$
$$\phantom{業務研究費 \ 1,200千円 \times \frac{運営費交付金 \ 1,000千円}{運営費交付金 \quad 授業料収入}}$$

◎事　例3 ....

収入：運営費交付金収入　　1,000千円　　授業料収入　　500千円
支出：研究業務費　　　　　1,200千円　　償却資産購入　400千円

① 固定資産購入が運営費交付金から購入されたと特定できる場合

（現　金・預　金）	1,000千円	（運営費交付金債務）	1,000千円
（固　定　資　産）	400千円	（現　金・預　金）	400千円
（現　金・預　金）	500千円	（授　業　料　収　益）	500千円
（業　務　研　究　費）	1,200千円	（現　金・預　金）	1,200千円
（運営費交付金債務）	400千円	（資産見返運営費交付金等）	400千円
（運営費交付金債務）	600千円	（運営費交付金収益）	600千円＊

＊　運営費交付金の収益化

$$業務研究費 \ 1,200千円 \times \frac{運営費交付金 \ 1,000千円 - 償却資産 \ 400千円}{(1,000万円-400千円)+500千円} ≒ 654千円$$

（注）　運営費交付金の残高が600千円しかないため600千円だけ計上する。

② 固定資産購入が運営費交付金から支出したものと特定できない場合

（現　金・預　金）	1,000千円	（運営費交付金債務）	1,000千円
（固　定　資　産）	400千円	（現　金・預　金）	400千円
（現　金・預　金）	500千円	（授　業　料　収　益）	500千円
（業　務　研　究　費）	1,200千円	（現　金・預　金）	1,200千円
（運営費交付金債務）	266千円	（運営費交付金収益）	266千円＊1
（運営費交付金債務）	734千円	（運営費交付金収益）	734千円＊2

* 1　固定資産相当分

$$固定資産原価\ 400千円 \times \frac{運営費交付金\ 1,000千円}{運営費交付金\ 1,000千円 + 授業料収入\ 500千円} \fallingdotseq 266千円$$

* 2　運営費交付金からの支出額

$$業務研究費\ 1,200千円 \times \frac{運営費交付金\ 1,000千円}{運営費交付金\ 1,000千円 + 授業料収入\ 500千円} = 800千円$$

（注）運営費交付金の残高が734千円（＝1,000千円－266千円）しかないため734千円だけ計上する。

■研　究■　受託収入の区分表示

　国立大学法人等に対して国から支出された委託費についても，国立大学法人等の教育・研究の提供等の対価に該当するものであるので，他の主体からの受託収入と同様に会計処理を行う。

　ただし，国からの受託による収益と他の主体からの受託による収益とは区別して表示しなければならない。

損益計算書

自　平成○1年4月1日
至　平成○2年3月31日　　　　　（単位：千円）

I　経常費用	I　経常収益	
1．業　務　費	1．運営費交付金収益	
(1)　教　育　経　費	⋮	×××
	6．受託研究等収益	
	(1)　政府受託収益　×××	
	(2)　その他受託収益　×××	×××

4．目的積立金

　国立大学が利益を計上して，これが文部科学大臣から経営努力として認められた場合，この利益を目的積立金とする。

《会計処理》

　　（未処分利益）　　　×××　　（目的積立金）　　　×××
　　－利益剰余金－

5. 借　入　金

　国立大学財務・経営センターや銀行などからの借入れによるもので，その返済が1年を超えればその部分は長期借入金になる。

《会計処理》

　　（現金・預金）　　　×××　　（短期借入金）　　　×××

《資金受入のまとめ》

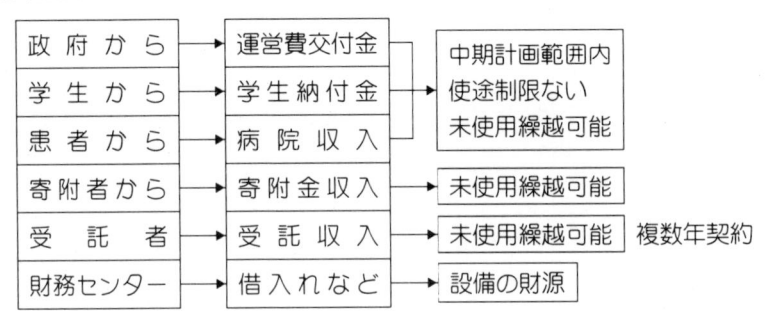

受入先	収入科目	特徴	備考
政府から	運営費交付金	中期計画範囲内 使途制限ない 未使用繰越可能	
学生から	学生納付金		
患者から	病院収入		
寄附者から	寄附金収入	未使用繰越可能	
受託者	受託収入	未使用繰越可能	複数年契約
財務センター	借入れなど	設備の財源	

Chapter 7 固定資産に関する取引

1 固定資産の分類

1．基本的分類

　国立大学法人等の保有する有形固定資産は，非償却資産（土地）と償却資産（償却資産は，さらに二つに分類される）に区別するものとする。

有形固定資産の分類

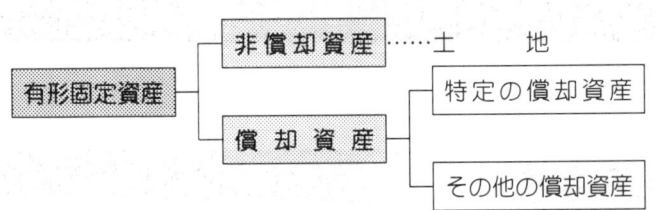

```
                    ┌─ 非償却資産 …… 土　　地
有形固定資産 ───────┤
                    │                  ┌─ 特定の償却資産
                    └─ 償 却 資 産 ───┤
                                       └─ その他の償却資産
```

2．償却資産の分類

(1) 特定の償却資産

　　大学の財産的な基礎を構成する建物などで，減価償却費に対応する収益

（例：資産見返運営費交付金等戻入勘定）が，減価償却の処理をする際に計上されない償却資産を示す。

この償却資産は，現物出資（資本金），施設費（資本剰余金），目的積立金（資本剰余金）で取得される。

(2) その他の償却資産

上記(1)（特定の償却資産）以外の償却資産であり，運営費交付金（資産見返運営費交付金等），無償譲渡（資産見返物品受贈額），寄附金（資産見返寄附金）で取得した資産をを示す。

(注) 償却資産を二つに分類する理由

　　国立大学法人等が教育・研究の目的を実行するためには，採算を度外視した研究施設が必要である。このために，「特定の償却資産」（上記(1)）は，国立大学法人等の損益計算においても減価償却を費用として計上することは妥当ではなく，減価償却費相当額は資本の減少と考えるべきである。またその処分なども大学が独自の判断で行うことができない。

　　これに対して「その他の償却資産」（上記(2)）は，特定の償却資産と異なり，減価償却費相当額の運営費交付金などを収益に振り替える処理が必要であり，本質的に減価償却の処理も異なるために両者を区別して処理する必要がある。

2　資産の取得に関して

1. 現物出資

平成16年4月以前に，国立大学法人等が所有していた資産は，国から国立大学法人等への現物による資本提供が行われたものとして「国立大学の財産的基礎を構成する資産」と考える。さらに，今後は，国から不動産などの現物出資が行われた場合も次の処理を行う。

またその受入金額は，不動産鑑定士などに評価させた時価等を基準にし

た，公正な評価額とする。

　　（土 地 or 建 物）　×××　　（資　本　金）　×××

（注）　不動産（土地及び建物）以外に固定資産の現物出資
　　　土地及び建物以外の固定資産の現物出資を国から受けた場合は，引継ぎ時の適正評価額を見積処理することとされている。
　　　（建物附属設備）　×××　　（資　本　金）　×××
　　　（構　築　物）　×××

【例】　平成16年4月すでに保有する土地建物を時価評価させたところ，土地が250,000千円，建物125,000千円であった。

貸借対照表
平成16年4月1日現在　　　　　（単位：千円）

I 固定資産			I 固定負債		
(1) 有形固定資産			⋮		
⋮			III 資本の部		
建　　物	125,000		資　本　金	375,000	
土　　地	250,000				

◆範例1◆

政府から現物出資を受けた下記に示す資産の受入れに関する処理を(1)土地及び建物と(2)それ以外の資産に分けて示しなさい。

（資　料）

内　訳	国有財産台帳計上額	適正評価額
土　地	120,000千円	230,000千円(注)
建　物	70,000千円	52,000千円(注)
建物附属設備	50,000千円	23,000千円
構　築　物	83,000千円	45,000千円
合　計	323,000千円	350,000千円

（注）　土地と建物の適正評価額は不動産鑑定士による評価額を基本にした金額である。

◎解　答◎
1．土地及び建物
　　　（土　　　地）　230,000千円　（資　本　金）　282,000千円
　　　（建　　　物）　 52,000千円
2．土地・建物以外
　　　（建物附属設備）　 23,000千円　（資　本　金）　 68,000千円
　　　（構　築　物）　 45,000千円

2．無償譲渡による取得

　国立大学法人等が独立行政法人として独り立ちする際に，これまでに官庁の一機関として保有していた固定資産は，国が国立大学法人等に現物出資か無償譲渡という形で譲渡することになる。
　ここでは，固定資産が無償譲渡された場合の会計処理について検討してみる。

(1)　非償却資産

　土地・建物に関しては不動産鑑定士などが評価した金額を基礎として，貸方は資本剰余金に計上する。

　　　（土　　　地）　×××　（資本剰余金）　×××

(2)　償却資産

　国立大学会計基準では，無償譲渡を受けた償却資産の取得価額は，国立大学法人法の現物出資の根拠規定に基づくものとしている。
　これらは国からの無償譲渡とはいうものの，国から長期で借入れしたものと考えて会計処理を行う。したがって，貸方に計上される資産見返物品受贈額勘定は固定負債として取り扱われることになる。

　　　（機械・装置）　×××　（資産見返物品　×××
　　　　　　　　　　　　　　　　受　贈　額）
　　　　　　　　　　　　　　　　－固定負債－

(注)　重要性の低い資産
　　実務サイドでは，50万円未満の償却資産について重要性が低い資産という

判断を行う（重要性の原則）。ただし，非償却資産（土地）に関しては50万円未満のものであっても資産計上しなければならない。

　　　　（消　耗　品　費）　×××　　（物　品　受　贈　益）　×××

(3) 図書・美術品などの無償譲渡

　償却資産として受け入れ，資本剰余金勘定で処理する。美術品などは文化的な価値があるものがほとんどであり，その評価は困難である。このような財産は，単に帳簿（貸借対照表）にその存在だけを示せばよく，備忘価額として1円を貸借対照表価額とする。この場合には，一品目ごとにそれぞれ1円を備忘価額として付すことになる。

　また図書・美術品については減価償却は行わない。

　　（図　　　　　　書）　×××　　（資産見返物品
　受　贈　額）　×××
　　（美　術・収 蔵 品）　×××　　（資　本　剰　余　金）　×××

◆範例2◆

　無償譲渡を受けた下記に示す資産について，その受入れに関する処理を(1)土地に関して，(2)機械・装置に関して，(3)工具器具備品に関して，(4)美術・収蔵品（一括して計上するものとする）に関して，それぞれの仕訳を示しなさい。

（資　料）

内　訳	適 正 評 価 額	備　　　考
土　地　A	230,000千円	不動産鑑定士評価額
土　地　B	400千円	同　上
機 械・装 置	12,000千円	──
工具器具備品	340千円	──
美術・収蔵品	？	評価は困難である
合　　　計	242,740千円	

◎解　答◎
1．土地に関する処理

　　（土　　地　　A）　230,000千円　（資 本 剰 余 金）　230,400千円
　　（土　　地　　B）　　　400千円*

　　　＊　土地Bの取得原価
　　　　土地に関しては，無償贈与を受けた資産の評価額が50万円未満のものであっても，重要性の低い資産ではなく，物品受贈益勘定などを計上せず資本剰余金勘定として受け入れる。

2．機械・装置に関する処理

　　償却資産である機械・装置を無償取得した場合は，貸方に資産見返物品受贈額勘定を計上する。

　　（機　械　・　装　置）　12,000千円　（資 産 見 返 物 品　　12,000千円
　　　　　　　　　　　　　　　　　　　　　 受　贈　　額）
　　　　　　　　　　　　　　　　　　　　　－固　定　負　債－

3．工具器具備品に関する処理

　　償却資産のうち，評価額が50万円未満のものについては，重要性が低いという判断を行い消耗品として該当する資産を受け入れる。

　　（消　耗　品　費）　　340千円　（物　品　受　贈　益）　　340千円

4．美術・収蔵品に関する処理

　　美術・収蔵品は償却資産として受け入れ，貸方は資本剰余金勘定で処理する。美術品など評価が困難な財産は，備忘価額として1円を貸借対照表価額とする。

　　（美　術　・　収　蔵　品）　　　　1円　（資 本 剰 余 金）　　　　1円

■研　究■　管理形態による固定資産の区別

　大学が保有する固定資産のうち，現物出資を受けた財産や無償譲渡を受けた固定資産は，大学の管理範囲外にあるものである。これらは教育という大学本来の目的のために保有するものであり，国から大学に現物出資や無償譲渡という形式で提供された特別な資産である。これを踏まえて行われたのがここまでで示した仕訳である。

chapter 7 固定資産に関する取引

3．運営費交付金による取得

(1) 非償却資産

土地など非償却資産の取得が，中期計画想定の範囲内である場合は，資産の取得金額と同額の運営費交付金債務勘定を資本剰余金勘定に振り替える。

(土　　　地)	×××	(現金・預金)	×××
(運　営　費) (交付金債務) －流動負債－	×××	(資本剰余金)	×××

(注) 中期計画の想定範囲外

非償却資産の取得が，中期計画の想定範囲外である場合は，その取得金額相当額の運営費交付金債務勘定を資産見返運営費交付金等勘定に振り替える。結果的には下記(2)の償却資産と同様の処理が行われることになる。

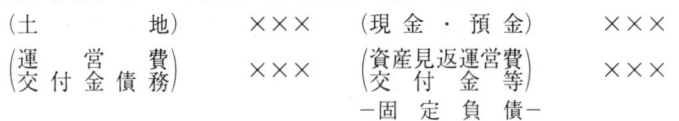

(土　　　地)	×××	(現金・預金)	×××
(運　営　費) (交付金債務)	×××	(資産見返運営費) (交付金等) －固定負債－	×××

(2) 償却資産

(機械・装置)	×××	(現金・預金)	×××
(運　営　費) (交付金債務)	×××	(資産見返運営費) (交付金等) －固定負債－	×××

(注) 固定資産の取得が運営費交付金によるものと特定できない場合

(運　営　費) (交付金債務)	×××	(運　営　費) (交付金収益)	×××

■まとめ■

内　　訳		貸　方　科　目
非償却資産 中期計画	想定内	資本剰余金勘定
	想定外	資産見返運営費 交付金等勘定
償却資産		

◆範例3◆

当年度において，交付を受けた運営費交付金により取得した資産は，(1)土地，(2)構築物，(3)工具器具備品であった。これらの資産の受入れに関する会計処理を示しなさい。

（資料1）

残 高 試 算 表

平成〇年3月31日　　　　（単位：千円）

⋮		⋮	
仮 払 金	142,000	運営費交付金債務	230,000

（資料2）
1．期中の2月12日に運営費交付金で新築建物用の土地を購入して，下記の代金を支払い，全額を仮払金勘定で処理している。この土地の取得は，中期計画として文部科学大臣の認可を受けたものである。
　　(1)　土地購入代金　　　　　120,000千円
　　(2)　不動産会社への手数料　　6,000千円
　　(3)　整地費用　　　　　　　16,000千円
2．期中の2月25日に構築物64,000千円を購入して納品確認を行い，請求書を受け取り代金は4月末に支払うこととしている。これに関しては会計処理をまったく行っていない。なお，この構築物は，3月1日より使用を開始した。
3．当年度において工具器具備品を購入して現金の支払いをしたものが19,000千円あるが，これらはすべて運営費交付金から支出されたものとは特定できない。このためまったく会計処理は行っていない。
4．運営費交付金の未支出額は，翌年度に繰り越すこととした。

chapter 7　固定資産に関する取引

◎解　答◎
1．土地の購入に関して

（土　　　　地）142,000千円*　（仮　払　金）142,000千円
（運 営 費 交付金債務）142,000千円　（資本剰余金）142,000千円

＊　土地の取得原価
　土地を取得する際に支払った関連費用は，すべて土地の取得原価を構成する。

2．構築物の取得の処理

（構　築　物）64,000千円　（未　払　金）64,000千円
（運 営 費 交付金債務）64,000千円　（資産見返運営費交付金等）64,000千円

3．工具器具備品の処理

　資産の取得が運営費交付金により取得したものと合理的に判断できない場合は運営費交付金を収益勘定へ一括して振り替える。

（工具器具備品）19,000千円　（現金・預金）19,000千円
（運 営 費 交付金債務）19,000千円　（運 営 費 交付金収益）19,000千円

4．運営費交付金の繰越

　中期計画により交付を受けた運営費交付金は，単年度で使い切る必要はなく，残余は翌年度に繰り越すことができる。

■研　究■　運営費交付金の按分

　国立大学法人等が固定資産を取得した場合，その取得額のうち，運営費交付金又は授業料に対応する額については，取得した資産が非償却資産であるか償却資産であるか，またその取得が中期計画の想定の範囲内であるかなどにより次のように処理されることになる。

（固定資産の取得）

　　国立大学法人等が固定資産を取得した際，その取得額のうち運営費交付金又は授業料に対応する額については，その内訳が事前に中期計画等

により明らかにされており，その取得が合理的に特定できるかどうかにより，次のように処理するものとする。

(1) **支出の内訳が特定できる場合**

取得固定資産が運営費交付金又は当該年度に係わる授業料等により支出されたと合理的に特定できる場合

① **非償却資産で中期計画想定内の場合**

取得した資産が非償却資産であって，その取得が中期計画内であるときに限り，その金額を運営費交付金債務又は授業料債務から資本剰余金に振り替える。

② **①に該当しない償却資産の場合**

当該資産が非償却資産であって上記①に該当しないとき，及び当該資産が償却資産であるとき，その金額を運営費交付金債務，又は授業料債務から別の負債項目である資産見返運営費交付金等に振り替える。

償却資産の場合は毎事業年度，資産見返運営費交付金等勘定を減価償却相当額だけ取り崩して，資産見返運営費交付金等戻入として収益に振り替えるものとする。

(2) **特定できない場合**

取得固定資産が運営費交付金，又は当該年度に係る授業料により支出されたと合理的に特定できない場合において，相当する金額を運営費交付金債務，又は授業料債務から運営費交付金収益に振り替える。

固定資産の取得と運営費交付金の按分

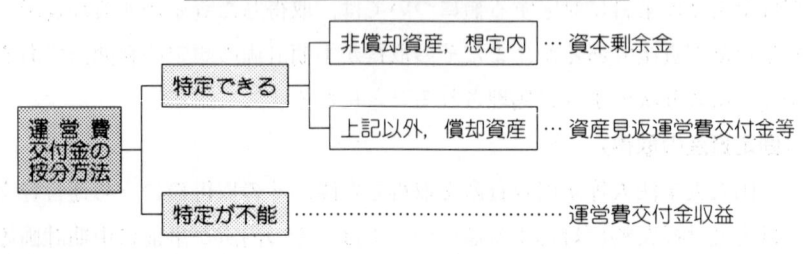

運営費交付金の按分方法
- 特定できる
  - 非償却資産，想定内 … 資本剰余金
  - 上記以外，償却資産 … 資産見返運営費交付金等
- 特定が不能 … 運営費交付金収益

4．施設費による取得

　国から受け入れた資金で，固定資産を購入することになるため，受け入れた金額を，負債として計上し，固定資産という大学独自の財産的な基礎に変わるまで，預り施設費勘定に関する仕訳が必要である。

　施設費は，運営費交付金や寄附金と異なり非償却資産，償却資産の区別は必要なく，いずれも「資本剰余金」で処理される。

① **非償却資産**

（土　　　地）	×××	（現金・預金）	×××
（預り施設費）	×××	（資本剰余金）	×××

② **償 却 資 産**

（建　　　物）	×××	（現金・預金）	×××
（預り施設費）	×××	（資本剰余金）	×××

同じ取扱い

（注）**施設費の性格**
①　政府が，国立大学法人等に固定資産を購入させ，施設整備をさせる目的で財源交付した資金である。これ以外の目的には使用することはできない。
②　購入した資産の買替えなどには，政府から必要な措置が講じられることとなっている。
③　施設費は政府から国立大学法人等の財産的基盤の充実のために拠出された資本であると考えることができる。したがって，施設費で取得した資産に関して行われる減価償却からは，収益（戻入等）は生じない。

◆**範例4**◆

　当年度における施設費により取得した，固定資産の処理を示しなさい。

（資料1）

残 高 試 算 表
平成〇年3月31日　　　　　（単位：千円）

：		：	
仮　払　金	44,000	預 り 施 設 費	130,000
土　　　地	120,000	資産見返施設費	120,000

(資料2)
1. 当年度中に土地を購入して取得代金相当額を預り施設費勘定から誤って資産見返施設費勘定に振り替えているので修正する。
2. 期中において，施設費44,000千円で機械装置を購入した。この際に，支払額相当の仮払金勘定だけを計上した。

◎解　答◎
1．土地に関する修正仕訳

当年度中に施設費で，土地を取得しているが，この際に誤って預り施設費勘定を資産見返施設費勘定に振り替えている。施設費で固定資産を購入した場合は，その取得原価相当額を預り施設費勘定から資本準備金勘定へ振り替える。下記の修正仕訳が必要である。

（資産見返施設費）120,000千円　（資本剰余金）120,000千円

2．機械装置

施設費で購入した機械装置が仮払金勘定で処理されているので適切な処理を行う。

（機械・装置）44,000千円　（仮　払　金）44,000千円
（預り施設費）44,000千円　（資本剰余金）44,000千円

5．寄附金による取得

国立大学法人等が，寄附金で固定資産を取得した場合には，その資産が土地などの非償却資産あるいは償却資産か，また中期計画の想定内かどうかにより，下記のように取り扱われる。

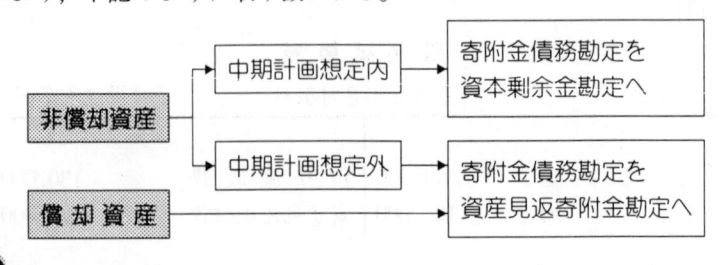

```
非償却資産 ─┬→ 中期計画想定内 → 寄附金債務勘定を資本剰余金勘定へ
            │
            └→ 中期計画想定外 → 寄附金債務勘定を資産見返寄附金勘定へ
償却資産 ───┘
```

chapter 7　固定資産に関する取引

(1) **非償却資産**

中期計画想定範囲内で，固定資産の取得に国の意思が反映されている場合は寄附金債務勘定を資本剰余金勘定へ振り替える。

|（土　　地）|×××|（現金・預金）|×××|
|（寄附金債務）|×××|（資本剰余金）|×××|

(注) 中期計画想定範囲外：国の意思が反映されていない。

（土　　地）	×××	（現金・預金）	×××
（寄附金債務）	×××	（資産見返寄附金）	×××
		－固定負債－	

(2) **償却資産**

償却資産の原価と同額を寄附金債務勘定から資産見返寄附金勘定へ振り替えるものとする。

（機械・装置）	×××	（現金・預金）	×××
（寄附金債務）	×××	（資産見返寄附金）	×××
		－固定負債－	

◆**範例5**◆

寄附金98,000千円（寄附金債務勘定に計上済みで，固定資産の取得を前提としているものとみなす）で，当年度において下記の固定資産を購入した。期中における適切な会計処理を行いなさい。

（資　料）

1. 寄附金のうち40,000千円は寄附をした団体が，あらかじめ使途を特定している。これにより土地40,000千円を取得している。代金は，当年度末に支払うこととしている。
2. 寄附金48,000千円で上記1.の土地の上に建物を建設し現金での支払いは完了している。この建物の建設は，土地と同様に中期計画想定内のものであった。
3. 寄附金の残額10,000千円で土地を取得している。この土地の取得は計画的に行われたものではなく，臨時の決定によりなされたもの

> である。

◎解　答◎

1. **使途特定寄附金**

　　使途が特定されている寄附金で，中期計画想定内に非償却資産を購入した場合は寄附金債務勘定を資本剰余金勘定へ振り替える。

　　（土　　　　地）40,000千円　（未　払　金）40,000千円
　　（寄 附 金 債 務）40,000千円　（資 本 剰 余 金）40,000千円

2. **非償却資産の取得**

　　中期計画想定内であっても，建物のような償却資産を取得した場合は寄附金債務勘定を資産見返寄附金勘定へ振り替える。

　　（建　　　　物）48,000千円　（現　金　・　預　金）48,000千円
　　（寄 附 金 債 務）48,000千円　（資産見返寄附金）48,000千円

3. **中期計画想定外の非償却資産の取得**

　　中期計画想定外の非償却資産である土地の取得である。上記の償却資産と同様に資産見返寄附金勘定へ振替えを行う。

　　（土　　　　地）10,000千円　（現　金　・　預　金）10,000千円
　　（寄 附 金 債 務）10,000千円　（資産見返寄附金）10,000千円

6．目的積立金による取得

　目的積立金は，大学が損益計算で計上した剰余金（利益）が文部科学大臣より大学の経営努力として認められて積み立てられた金額である。

　積立時の処理：

　　（未 処 分 利 益）　×××　　（目 的 積 立 金）　×××

　この目的積立金は，中期計画で設定されている剰余金の使途目的が発生すれば，いつでも取り崩すことができる。

chapter 7　固定資産に関する取引

このとき，目的積立金の使途が，固定資産（特定の償却資産）の取得を目的にしているときは，固定資産を取得した時点で，目的積立金勘定を資本剰余金勘定へ振り替えなければならない。

　　（建　　　　物）　×××　　（現　　　　金）　×××
　　（目 的 積 立 金）　×××　　（資 本 剰 余 金）　×××

（注）　**中期計画範囲内で特定資産に該当しないものの取得**

　　中期計画範囲内の固定資産の取得であっても，特定の償却資産に該当しない少額資産のようなものは目的積立金勘定を資本剰余金勘定へ振り替えるのではなく，目的積立金取崩額勘定へ振り替える。この目的積立金取崩額勘定は損益計算書の純損益計算の区分の下で，当期純利益に加算され当期総利益を構成する（参照→p.56）。

　　（消　耗　品）　×××　　（現　　　　金）　×××
　　（目 的 積 立 金）　×××　　（目的積立金取崩額）　×××

　　目的積立金を取り崩して固定資産の取得をした場合であってもこれを「利益の処分に関する書類」に記載する必要はない。

　　これは，同書類が利益処分として目的積立金を積み立てた旨を表示するためのものであり，取崩しに関する記載をするためのものではないためである。

◆**範例6**◆

当期目的積立金で取得した固定資産につき，目的積立金に関する会計処理を(1)土地，(2)機械・装置，(3)工具器具備品の資産別に示しなさい。

（資料1）

残 高 試 算 表

平成〇年3月31日　　　　　　　　（単位：千円）

⋮		⋮	
土　　　地	85,000	目的積立金	120,000
工具器具部品	4,000		
機 械・装 置	23,000		

123

（資料２）
1．目的積立金は従前から大学設備充実を目的として積み立てたものである。当年度では中期計画に沿った土地（85,000千円）の取得があったが，この積立金に関する処理は，一切行われていない。
　　土地は，次年度において研究所を建設する予定があるために，先行して当年度に取得したものである。この研究所の建設は，中期計画の策定内のものである。
2．機械装置23,000千円の内15,000千円は，研究用の特殊機械を当年度において購入したものである。この特殊機械の購入は，目的積立金の使途に沿ったものである。
3．工具器具備品4,000千円の内1,000千円は，中期計画に策定されていた教育目的の備品を購入したことにより発生したものである。

◎解　答◎
　当年度中に取得した固定資産の全てが，中期計画に策定された剰余金の使途目的に沿ったものである。この場合には，非償却資産，償却資産の取得金額相当額を目的積立金から，資本剰余金勘定へ振り替える。
1．**土地の取得に関して**
　　（目　的　積　立　金）　85,000千円　　（資　本　剰　余　金）　85,000千円
2．**機械装置の取得に関して**
　　（目　的　積　立　金）　15,000千円　　（資　本　剰　余　金）　15,000千円
3．**工具器具備品に関して**
　　（目　的　積　立　金）　1,000千円　　（資　本　剰　余　金）　1,000千円

■参　考■
　固定資産を取得した場合は，その取得の形態により貸方科目が次のように決められる。

chapter 7 固定資産に関する取引

取得形態別の貸方科目のまとめ

内　　　　訳	非償却資産	償却資産
現　物　出　資	資　本　金	
運営費交付金	資　本　剰　余　金	資産見返運営費交付金等
無　償　譲　渡	資　本　剰　余　金	資産見返物品受贈額
施　　設　　費	資　本　剰　余　金	
寄　　附　　金	資　本　剰　余　金	資産見返寄附金
目　的　積　立　金	資　本　剰　余　金	

■図書の評価■

　図書（印刷その他の方法により複製した文書又は図画，又は電子的方法，磁気的方法，その他の人の知覚によっては認識できない方法により文字，映像，音を記録した物品としての管理が可能な物）は国立大学法人等にとって，教育・研究の基礎となるものであることから，雑誌やパンフレット等教育・研究上一時的な意義しか有さないものを除き，有形固定資産として取得原価をもって貸借対照表価額とする。

　（注）　教育・研究上一時的な意義しか有さないとは
　　　　　対象となる図書が教育・研究用に供されるものであっても，その内容が時の経過により陳腐化してしまうもので，1年未満しか使用されないものを示す。

　図書に関しては，毎年度末に減価償却は行われず，取得及び除却に際して下記の処理が行われる。

　　取　得　時：

　　　（図　　　　書）　×××　（現　金・預　金）　×××
　　　（運　営　費　　　　　　　（資産見返運営費
　　　　交付金債務）　×××　　交　付　金　等）　×××

　　除　却　時：

　　　（教育研究支援経費）　×××　（図　　　　書）　×××

| (資産見返運営費 交付金等) | ××× | (資産見返運営費 交付金等戻入) | ××× |

3　減価償却費の計上

財務諸表上の考え方

内　訳	特定の償却資産	その他の償却資産
損益計算書	減価償却費は計上しない	減価償却費と同時に収益（下記*）を計上
貸借対照表 借　方	Ⅰ　固定資産の区分にて減価償却累計額の科目別間接控除	Ⅰ　固定資産の区分にて減価償却累計額の科目別間接控除
貸借対照表 貸　方	資本剰余金（損益外減価償却累計額）	資産見返運営費交付金等勘定の負債勘定を資産見返運営費交付金等戻入勘定(※)等の経常収益へ振替え

1．現物出資により取得した資産

　大学の運営管理外の財産であるために，費用としての減価償却費は計上しない。ただし，建物である償却資産も価値減少が発生している。これを資本剰余金のマイナスとして損益外減価償却累計額勘定で処理する。

| (損　益　外 減価償却累計額) －資本剰余金－ | ××× | (建　　物 減価償却累計額) －評価勘定－ | ××× |

（注）　損益外減価償却累計額
　　　　資本剰余金として資本の部に表示する。資本剰余金は本来貸方に発生するが，借方に発生するので資本剰余金のマイナスと考えることができる。

2．無償譲渡により取得した資産

　減価償却費相当額の資産見返物品受贈額勘定（固定負債）を資産見返物品受贈額戻入勘定（経常収益）へ振り替える。基本的には，減価償却費と資産見返物品受贈額戻入勘定が相殺されるために，実質的には損益は計上されないようになっている。

（減　価　償　却　費）	×××	（減価償却累計額）	×××
（資産見返物品受　贈　額）－固　定　負　債－	×××	（資産見返物品受 贈 額 戻 入）－経　常　収　入－	×××

3．運営費交付金により取得した資産

　減価償却費の金額に相当する資産見返運営費交付金等勘定（流動負債）を資産見返運営費交付金等戻入勘定（経常収益）へ振り替えて，費用と収益を相殺する。無償譲渡のケースと同様に，減価償却費と資産見返物品運営費交付金等戻入勘定が相殺されるために実質的には損益は計上されないようになっている。

（減　価　償　却　費）	×××	（減価償却累計額）	×××
（資産見返運営費交　付　金　等）－固　定　負　債－	×××	（資産見返運営費交 付 金 等 戻 入）－経　常　収　益－	×××

◆範例7◆

　下記に示す資料により，各固定資産の減価償却費を計上する仕訳を⑴建物，⑵備品，⑶車両運搬具別に示しなさい。なお残存価額は，備忘価額の1円とすること。また決算は，年1回　3月31日とする。

（資料1）

決算整理前残高試算表
平成○年3月31日　　　　（単位：円）

⋮		⋮	
建　　　　物	20,001	資産見返物品受　贈　額	1,600
備　　　　品	6,001		

車両運搬具	2,001	資産見返運営費交付金等	6,000
損益外減価償却累計額	1,500	建物減価償却累計額	1,500
		車両運搬具減価償却累計額	400

(資料2) 減価償却に関する資料（金額は故意に小さくしている）
1. 建物は国からの出資によるものであり，耐用年数40年として定額法で減価償却費を計上する。
2. 備品は，本年度10月7日に運営費交付金で取得したものである。耐用年数10年として定額法で減価償却費を計上する。
3. 車両運搬具は，前期に無償により取得したものである。耐用年数5年として定額法で減価償却費を計上する。

◎解　答◎

1. 建　　物

   （損　益　外　減価償却累計額）　500*　（建　　　　物　減価償却累計額）　500

   ＊内　訳
   　　（20,001円－1円）÷40年＝500円

2. 備　　品

   （減価償却費）　300*　（減価償却累計額）　300
   （資産見返運営費交付金等）　300　（資産見返運営費交付金等戻入）　300

   ＊内　訳
   　　（6,001円－1円）÷10年×$\frac{6か月}{12か月}$＝300円

3. 車両運搬具

   （減価償却費）　400*　（車両運搬具減価償却累計額）　400
   （資産見返物品受贈額）　400　（資産見返物品受贈額戻入）　400

   ＊内　訳
   　　（2,001円－1円）÷5年＝400円

◎参 考◎

貸 借 対 照 表
平成〇年3月31日現在　　　　　　　　　（単位：円）

資　産　の　部				負　債　の　部		
I	固定資産			I	固定負債	
	建　　　物	20,001			資産見返寄附金	×××
	減価償却累計額	2,000	18,001		長期寄附金債務	×××
	工具器具備品	6,001			長期前受金受託研究費等	×××
	減価償却累計額	300	5,701		長期前受金受託事業費等	×××
	車両運搬具	2,001			資産見返物品受贈額	1,200
	減価償却累計額	800	1,201		資産見返運営費交付金等	5,700
					⋮	
				資　本　の　部		
				I	資本金	×××
				II	資本剰余金	
					資本剰余金	×××
					損益外減価償却累計額	(－)2,000

損 益 計 算 書
平成〇年4月1日
平成〇年3月31日　　　　　　　　　（単位：円）

費　用　の　部			収　益　の　部		
I	経常費用		I	経常収益	
	1　業　務　費			1　運営費交付金収益	×××
	(1)　教育経費　×××			2　授業料収益	×××
	(2)　研究経費　×××			3　入学金収益	×××
	(3)　診療経費　×××			4　検定料収益	×××
	⋮			5　受託研究等収益	×××
	2　一般管理費			6　資産見返運営費交付金等戻入	300
	⋮			7　資産見返物品受贈額戻入	400
	(2)　減価償却費　700			8　寄附金収益	×××

4．施設費により取得した資産

　国立大学法人等の施設充実のために交付された資金により購入された資産であるため、減価償却費を計上することはせず、価値減少分は資本剰余金のマイナスとして損益外減価償却累計額勘定で処理する。

| (損益外減価償却累計額) －資本剰余金－ | ××× | (建物減価償却累計額) －評価勘定－ | ××× |

(注) **損益外減価償却累計額**
　　　損益外減価償却累計額勘定は，資本剰余金として資本の部に表示される。資本剰余金は本来，貸方に発生する。ここでは，借方に発生するので，資本剰余金のマイナス取引と考えることができる。

5．寄附金により取得した資産

　減価償却費を計上すると同時に，同額を資産見返寄附金勘定から資産見返寄附金戻入勘定へ振り替える。

| (減 価 償 却 費) | ××× | (減価償却累計額) | ××× |
| (資産見返寄附金) | ××× | (資産見返寄附金戻入) －経 常 収 益－ | ×××* |

　＊　減価償却費の計上時に，減価償却費と同額を資産見返寄附金勘定から，資産見返寄附金戻入勘定に経常収益として振り替える。

6．目的積立金により取得した資産

　目的積立金は，国立大学法人が計上した利益を留保したものであり，この積立金により取得した資産に関する減価償却は，減価償却費を計上せずに損益外減価償却累計額勘定を計上する。

| (損益外減価償却累計額) －資本剰余金－ | ××× | (建物減価償却累計額) －評価勘定－ | ××× |

　■研究■　**償却資産の耐用年数**
　　減価償却計算の基礎となる耐用年数は，物理的減価と機能的減価の双方を考慮して決定されなければならない。この耐用年数の決定は，個々の資産の操業度の大小や技術革新の程度などの条件を勘案して自主的に決定すべきものである。

しかし，企業会計上でも，個々の資産別に耐用年数を決定することが困難であるため，税法上の法定耐用年数を標準的耐用年数として減価償却が行われている。

国立大学法人等も，同様の事情を踏まえて，税法上の耐用年数を用いて減価償却費の計算を行うこととしている。

（特定研究目的の償却資産）

受託研究等の特定の目的にのみに使用される償却資産は，一般耐用年数とかけ離れた使用年数の場合も考えられる。この場合には，税法上の耐用年数によらずに，個別的に耐用年数を決定するものとする。

（中古資産の耐用年数）

中古資産の寄附を受けたような場合には，その資産を教育，研究等の用に供した以降の使用可能年数を用いるが，下記の計算で簡便的に求めた耐用年数を用いるものとする。

簡便法：（法定耐用年数－経過年数）＋経過年数×$\dfrac{20}{100}$

◆範例8◆

下記に示す資料により，減価償却費を計上する仕訳を示しなさい。なお，決算は年1回，3月31日とする。また，固定資産の残存価額は，備忘価額の1円とする。なお，金額は故意に小さくしている。

決算整理前残高試算表

平成○年3月31日　　　　　　（単位：円）

⋮		⋮	
建　　　物	100,001	預り施設費	50,001
備　　　品	5,001	資産見返寄附金	4,501
車両運搬具	6,001	資産見返物品受贈額	5,001
		建　物減価償却累計額	25,000
		備　品減価償却累計額	500

		車両運搬具 減価償却累計額	1,000
		⋮	
損　益　外 減価償却累計額	25,000	資　本　剰　余　金	100,001

（資　料）

決算資料は次の通りである。
1．期中10月5日に施設費により取得した建物50,001千円に関する処理が行われていない（現金・預金勘定）。従来から所有する建物も全て施設費で取得したものであり，耐用年数40年として定額法で減価償却費を計上する。
2．備品は前期に寄附金で取得したものである。耐用年数10年として定額法で減価償却費を計上する。
3．車両運搬具は，前期に無償による贈与で取得したものである。耐用年数6年として定額法で減価償却費を計上する。

◎解　答◎

1．建　　物

(1) 新築建物の処理

（建　　　　物）	50,001	（現　金・預　金）	50,001
（預　り　施　設　費）	50,001	（資　本　剰　余　金）	50,001

(2) 減価償却費の計上

（損　益　外 減価償却累計額）	3,125*	（建　　　　物 減価償却累計額）	3,125

＊　内　訳

従来分：(100,001千円－1円)÷40年　　　　＝2,500千円

新規分：(50,001千円－1円)÷40年×$\dfrac{6 か月}{12 か月}$＝　625千円

　　　　　　　　　　　　　　　　　　合　計　3,125千円

2．備　　品

（減　価　償　却　費）	500*	（備　　　　品 減価償却累計額）	500

chapter 7　固定資産に関する取引

（資産見返寄附金）	500	（資産見返寄附金戻入）	500

　＊　内　訳
　　　減価償却費：(5,001千円－1円)÷10年＝500円

3．車両運搬具

（減価償却費）	1,000*	（減価償却累計額）	1,000
（資産見返物品受贈額）	1,000	（資産見返物品受贈額戻入）	1,000

　＊　内　訳
　　　減価償却費：(6,001円－1円)÷6年＝1,000千円

4　資産の売却に関して

1．現物出資による取得資産

　現物出資により取得した資産を売却した場合は，簿価と売却価格の差額を資本剰余金で調整し，固定資産売却損（益）を計上することはない。

（現　金・預　金）	×××	（償　却　資　産）	×××
（減価償却累計額）	×××	（損　益　外減価償却累計額）	×××
		（資　本　剰　余　金）	×××(注)

　（注）　固定資産売却損の場合
　　　　売却した資産の簿価が売却価格より高いときは，資本剰余金のマイナスの処理を行う。

◆範例9◆
　従前に国から現物出資を受けた建物（取得原価12,000千円，期首償却累計額9,800千円）を期中に除却することとした。また除却した建物の価値はゼロとする。なお建物取壊しの費用が1,500千円発生し年度末の支払いとなっている。

133

なお期首から除却時までの減価償却が300千円発生しているので除却時に考慮すること。

◎解　答◎
1. **期首からの減価償却費の計上**

　期中で除却があった場合でも，固定資産は大学運営に供されている場合には，期首から除却時までの減価償却費を計上する必要がある。

（損　益　外 減価償却累計額）　300千円　　（減価償却累計額）　　300千円

2. **建物の除却の処理**

　政府から建物の現物出資を受けた場合は，貸方を資本金勘定で処理しているが，この固定資産を除却した場合は，資本金勘定をマイナスせずに資本剰余金勘定をマイナスする。

（資 本 剰 余 金）　12,000千円　　（建　　　　　物）　12,000千円
（減価償却累計額）　10,100千円　　（損　益　外 減価償却累計額）　10,100千円

3. **建物取壊費用の支払い**

　政府からの現物出資を受けた資産の取壊しに関しては，その帳簿価額からは基本的に除却損益は発生しない。しかし，取壊しに特段の費用が発生すれば，これは通常の支払手数料が発生したものと同様に考えて固定資産除却損を計上する。

（固定資産除却損）　1,500千円　　（未　払　金）　1,500千円
　－臨　時　損　失－

2. 無償譲渡による取得資産

　無償により取得した資産を売却した場合は，簿価と売却価格の差額を固定資産売却損益として計上し，資産見返物品受贈額勘定（固定負債）の残額は，資産見返物品受贈額戻入勘定（経常収益）に利益として振り替える。

（現 金 ・ 預 金）　　×××　　（償 却 資 産）　　×××
（減価償却累計額）　　×××

chapter 7　固定資産に関する取引

| （固定資産売却損） | ×××　or | （固定資産売却益） | ××× |
| （資産見返物品
受　贈　　額） | ××× | （資産見返物品
受贈額戻入） | ××× |

◆範例10◆

事業年度中途において下記に示す固定資産を売却した。このときの会計処理を示しなさい。

（資料1）

決算整理前残高試算表
平成○年3月31日　　　（単位：千円）

建　　　　物	20,000	資産見返物品 受　贈　額	11,500
備　　　　品	6,000	建　　　　物 減価償却累計額	12,350
損　益　外 減価償却累計額	14,500	備　　　　品 減価償却累計額	2,150

（資料2）

1. 建物はすべて，無償譲渡を受けたものである。期首においてその一部（取得原価8,000千円，減価償却累計額6,750千円）を独立行政法人に1,500千円で売却して普通預金口座に振込みを受けていたが未処理であった。
2. 無償譲渡を受けている備品の一部を事業年度中に売却して，200千円を年度末に受け取ることとした。売却した備品は取得原価1,000千円，期首償却累計額550千円であり，期首から売却時までの減価償却費が70千円発生している。

◎解　答◎

1. 建物の売却に関して

（普　通　預　金）	1,500千円	（建　　　　物）	8,000千円
（減価償却累計額）	6,750千円	（固定資産売却益）	250千円
（資産見返物品 受　贈　額）	1,250千円*	（資産見返物品 受贈額戻入）	1,250千円

135

* 内 訳

　資産見返物品受贈額の内，過去において減価償却を実施した部分は資産見返物品受贈額戻入として各年度の経常収益として振替えが完了している。この金額は，減価償却累計額と同じ金額のはずである。
　そこで資産見返物品受贈額の残額1,250千円を売却に際して戻し入れることになる。

　　　資産見返物品受贈額　　減価償却累計額
　　　　　8,000千円　－　　6,750千円　＝1,250千円

2．備品の売却に関して

(1) 期首から売却時までの減価償却費の計上

（減 価 償 却 費）　　　70千円　（減価償却累計額）　　　70千円
（資産見返物品 受　贈　額）　　　70千円　（資産見返物品 受 贈 額 戻 入）　　　70千円

(2) 売却に関する具体的な仕訳

（未　　収　　金）　　　200千円　（備　　　　　品）　　1,000千円
（減価償却累計額）　　　620千円
（固定資産売却損）　　　180千円
（資産見返物品 受　贈　額）　　　380千円＊　（資産見返物品 受 贈 額 戻 入）　　　380千円

＊ 内 訳
　上記1.の建物と同様に資産見返物品受贈額の金額の内，減価償却が行われていない部分を戻し入れる。

　　　資産見返物品受贈額　期首減価償却累計額　減価償却費
　　　　　1,000千円　－（　　550千円　　＋　70千円　）＝380千円

3．運営費交付金による取得資産

　簿価と売却価格の差額を固定資産売却損益として計上し，資産見返運営費交付金等勘定の残額は，資産見返運営費交付金等戻入勘定（経常収益）に利益として振り替える。

（現 金 ・ 預 金）　　　×××　（償 却 資 産）　　　×××
（減価償却累計額）　　　×××
（固定資産売却損）　　　××× or （固定資産売却益）　　　×××
（資産見返運営費 交 付 金 等）　　　×××　（資産見返運営費 交 付 金 等 戻 入）　　　×××

chapter 7　固定資産に関する取引

（注）　固定資産売却損（益）の計上
　　　　運営費交付金により取得した資産については，未償却残高と売却価格の差額が固定資産売却損（益）として計上されるが，資産見返運営費交付金等の残高が経常収益に利益として振り替えられるために実質的な損益は発生しないことが前提になっている。

◆範例11◆

　運営費交付金により取得した資産の売却に関して，下記に示す取引の仕訳を示しなさい（決算年1回　3月31日）。

（資　料）

　平成○1年10月4日に取得した備品（取得原価1,000千円）を平成○7年1月20日に230千円で売却した。この備品は，中期計画の範囲内で運営費交付金により取得したもであるが，老朽化が著しく，今回耐用年数の到来前に下取用として売却することした。

設問1　この備品の耐用年数を10年，残存価額を備忘価額の1円として，定額法で減価償却費を計上することとして当期首までの減価償却累計額を計算しなさい。

設問2　期首現在のこの備品に関する運営費交付金債務勘定の残額はいくらになっているか。

設問3　期首現在のこの備品の資産見返運営費交付金等勘定の残高は，いくらになっているか。

設問4　この備品の期首から売却時までの減価償却費はいくらか。

設問5　売却代金を現金預金勘定として売却時の仕訳を示しなさい。

◎解　答◎

設問1

　固定資産の取得が平成○1年10月4日であり，平成○2年3月の決算から平成○6年3月までの間に4年6ヶ月分の減価償却費が計上されている。耐用年数10年として，定額法で減価償却費を計上すると次のようになる。

　　（1,000,000円－1円）÷10年×4年6か月≒449千円（千円未満切捨）

設問2

　国から受け取った運営費交付金は，備品の購入時に，その取得原価相当額が，運営費交付金債務勘定から資産見返運営費交付金等勘定へ振り替えられている。したがって，この備品に関する運営費交付金債務勘定の金額はゼロである。

　この備品に関する運営費交付金の受入れ時と備品を購入した際の処理を示せば次のようになる。

交付金受取：

　　（現　金・預　金）　　1,000千円　　（運　営　費　　　）　1,000千円
　　　　　　　　　　　　　　　　　　　　（交 付 金 債 務）

備品取得時：

　　（工 具 器 具 備 品）　1,000千円　　（現　金・預　金）　　1,000千円
　　（運　営　費　　　）　1,000千円　　（資　産　見　返）　　1,000千円
　　（交 付 金 債 務）　　　　　　　　　（運営費交付金等）

設問3

　期首現在の資産見返運営費交付金等勘定の残高は551千円（＝1,000千円－449千円）である。決算において，減価償却費の計上額と同額を資産見返運営費交付金等勘定から資産見返運営費交付金等戻入勘定へ振り替えている。したがって，当初の運営費交付金1,000千円から前期末までに計上された減価償却費449千円を控除した残額ということになる。

減価償却時：

　　（減　価　償　却　費）　449千円　　（減価償却累計額）　　449千円
　　（資産見返運営費　）　　449千円　　（資産見返運営費　）　449千円
　　（交　付　金　等）　　　　　　　　　（交 付 金 等 戻 入）

設問4

　事業年度開始時から1月20日まで10ヶ月間の減価償却費を計上する。これにより減価償却累計額は，設問1.の期首までの449千円に83千円を加えた532千円になる。この金額が設問5.で処理されている金額である。

chapter 7　固定資産に関する取引

9ヶ月分の金額：

（減価償却費）　　　　83千円*　　（減価償却累計額）　　　83千円
（資産見返運営費）　　83千円　　（資産見返運営費）　　　83千円
（交付金等）　　　　　　　　　　（交付金等戻入）

＊　内　訳

$(1,000,000円 - 1円) \div 10年 \times \dfrac{10か月}{12か月} \fallingdotseq 83千円$（千円未満切捨）

設問5

売却時には下記の処理が行われる。

（現　金　・　預　金）　　230千円　　（工具器具備品）　　1,000千円
（減価償却累計額）　　　　532千円
（固定資産売却損）　　　　238千円
（資産見返運営費）　　　　468千円*　（資産見返運営費）　　468千円
（交付金等）　　　　　　　　　　　　（交付金等戻入）

＊　内　訳

運営費交付金　　減価償却累計額　減価償却費
1,000千円 －（　449千円　＋　83千円　）＝468千円

4．施設費による取得資産

　施設費により取得した特定の償却資産を売却した場合は，簿価と売却価格の差額を資本剰余金で調整し，固定資産売却損（益）を計上することはない。

（現　金　・　預　金）　　×××　　（償　却　資　産）　　×××
（減価償却累計額）　　　　×××　　（損　益　外）　　　　×××
　　　　　　　　　　　　　　　　　（減価償却累計額）
　　　　　　　　　　　　　　　　　（資　本　剰　余　金）×××（注）

（注）　固定資産売却損の場合

　　　　売却価格が売却した資産の簿価より低いとき（いわゆる固定資産売却損の計上）は，資本剰余金のマイナスの処理を行う。

◆範例12◆

　下記に示す資料により，施設費により取得した建物付属設備の一部を除却した場合の会計処理を示しなさい。

（資料１）

決算整理前残高試算表

平成〇年３月31日　　　（単位：千円）

⋮		⋮	
建物附属設備	150,000	減価償却累計額	105,200
損益外減価償却累計額	105,200	資本剰余金	150,000

（資料２）

1．建物付属設備の一部（取得原価50,000千円，損益外減価償却累計額23,750千円）を当年度において除却した。当事業年度の始めから除却時までの減価償却費は150千円である。

2．この建物付属設備を除却しても，廃材などの評価額はゼロとする。また除却に関する手数料などは発生していないものとする。

◎解　答◎

1．除却時までの減価償却費の計上

（損益外減価償却累計額）　150千円　　（減価償却累計額）　150千円

2．建物付属設備の除却時の処理

（資本剰余金）　50,000千円*　　（建物付属設備）　50,000千円
（減価償却累計額）　23,900千円　　（損益外減価償却累計額）　23,900千円

＊　内訳

施設費によりこの建物付属設備を取得した際に下記の処理を行い資本剰余金を計上している。今回この建物付属設備を除却するに際して，当初の資本剰余金を相殺消去する。

・取得時の会計処理

（建物付属設備）　50,000千円　　（現金・預金）　50,000千円
（預り施設費）　50,000千円　　（資本剰余金）　50,000千円

5．寄附金による取得資産

簿価と売却価格の差額を固定資産売却損益として計上し，資産見返寄附

金勘定(固定負債)の残額は,資産見返寄附金戻入勘定(経常収入)に利益として振り替える。

(現　金・預　金)	×××	(償　却　資　産)	×××
(減価償却累計額)	×××		
(固定資産売却損)	××× or	(固定資産売却益)	×××
(資産見返寄附金)	×××	(資 産 見 返 寄 附 金 戻 入)	×××

◆範例13◆

寄附金で取得した研究用の測定器(機械・装置)が,不要となったために除却した。この測定器の取得原価は12,000千円,期首における減価償却累計額は9,800千円であった。除却に際してこの測定器は,スクラップとして200千円と見積もられた。

◎解　答◎

(貯　蔵　品)	200千円	(機　械・装　置)	12,000千円
(減価償却累計額)	9,800千円		
(固定資産除却損)	2,000千円		
(資産見返寄附金)	2,200千円*	(資 産 見 返 寄 附 金 戻 入)	2,200千円

＊　資産見返寄附金勘定の残高
　　取得原価　　償却累計額
　　12,000千円－9,800千円＝2,200千円

6．目的積立金による取得資産

目的積立金で取得した資産を売却した場合は,簿価と売却価格の差額を資本剰余金で調整し,固定資産売却損(益)を計上することはない。

(現　金・預　金)	×××	(償　却　資　産)	×××
(減価償却累計額)	×××	(損　　益　　外 減価償却累計額)	×××
		(資　本　剰　余　金)	×××(注)

(注)　固定資産売却損の場合

売却価格が売却した資産の簿価より低いとき（いわゆる固定資産売却損の計上）は，資本剰余金のマイナスの処理を行う。

・売却時：売却損となるケース

（現　金　・　預　金）　×××　（償　却　資　産）　×××
（減価償却累計額）　×××　（損　益　外
　　　　　　　　　　　　　　　減価償却累計額）　×××
（資　本　剰　余　金）　×××

目的積立金で取得した固定資産は，その取得時に固定資産相当額が目的積立金から資本剰余金に振り替えられている。したがって，固定資産の売却による固定資産売却損に相当する借方の資本剰余金の会計処理は，取得時の資本剰余金の減額と考えればよい。

・取得時の会計処理

（償　却　資　産）　×××　（現　金　・　預　金）　×××
（目　的　積　立　金）　×××　（資　本　剰　余　金）　×××

◆範例14◆

下記に示す資料により，目的積立金で取得した構築物に関する会計処理を示しなさい。なお，決算は年1回，3月31日とする。

（資料1）

決算整理前残高試算表
平成○年3月31日　　　　　（単位：千円）

：		：	
構　築　物	40,000	減価償却累計額	34,400
損　益　外 減価償却累計額	21,500	資　本　剰　余　金	40,000
		仮　受　金	200

（資料2）

1. 当年度の期首において構築物の内1／4に相当する10,000千円（同減価償却累計額7,999千円）を200千円で売却した。
2. この構築物の売却代金は，仮受金勘定で処理されている。
3. 決算に際して残りの構築物に関して耐用年数5年，残存価額は備忘価額の1円として定額法による減価償却費を計上する。

◎解　答◎

1．構築物の除却に関する処理

（仮　受　金）	200千円	（構　築　物）	10,000千円
（減価償却累計額）	7,999千円	（損　益　外　減価償却累計額）	7,999千円
（資 本 剰 余 金）	9,800千円		

2．当期分の減価償却費の計上

減価償却費の計上は備忘価額の1円までであるから，下記の計算により，当期は4,199千円しか計上することはできない。

（損　益　外　減価償却累計額）	4,199千円*	（減価償却累計額）	4,199千円

＊　内　訳
① 償却費：$(30,000千円 - 1円) \div 5年 \fallingdotseq 5,999千円$
② 累計額：$34,400千円 \times \dfrac{3}{4} + ① \geqq 30,000千円 - 1円$
③ 当期分：$(30,000千円 - 1円) - 34,400千円 \times \dfrac{3}{4} = 4,199千円$

■研　究■　固定資産に関する修繕費

固定資産に不具合が生じて，修繕を行った場合，この修繕に要した支出額をどのように処理するかで，会計上は次の二つの考え方がある。

(1) 資本的支出

固定資産の修繕が，対象になった固定資産の資産的価値を高めることになったり，または残存耐用年数を延長させたりする結果になっている場合は，この支出額を修繕の対象の固定資産の帳簿価額に加算する。

会計処理：

（建　　　物）	×××	（現金・預金）	×××

(2) 収益的支出

固定資産に対する修繕が，単に固定資産の不具合となっている部分の修繕であり，固定資産の原状回復，又は維持管理を目的にするのもであ

るときは，この支出額は修繕を行った会計年度の費用として，修繕費勘定で処理する。

会計処理：

（修　繕　費）　×××　　（現金・預金）　　×××

(3) **実務上の取扱い**

実務上は，固定資産に対して行われた修繕が，資本的支出に該当するか収益的支出に該当するかの判断は困難な場合が多い。

そこで法人税法では，下記により両者を区別している。

《判断基準》

1．修繕が比較的短い3年程度の周期で行われている場合は，その支出額は全額修繕費勘定で処理できる。
2．修繕に関する支出額が60万円未満，又はその金額が固定資産の取得原価の10％以下である場合は，その金額を全額修繕費勘定で処理できる。
3．固定資産の改良，又は修繕に係る支出額が，50万円未満である場合は，上記の1．及び2．に係わらず全額を支出した会計年度の修繕費として処理することができる。

Chapter 8 引当金の会計処理

1 引当金とは

　企業会計では，将来の費用の支払いなどに備えて引当金と呼ばれるものを計上することが多く行われる。これは会計慣習として計上されているものであるが，商法など制度上もその計上を認めている。
　この引当金が計上される会計的根拠は，当期に発生した費用をたとえ支払いがされていなくても同一会計期間の収益と対応させようという「費用収益対応の原則」や「発生主義」の考え方によるものである。これらの思考は，従来の国立大学にはない新しい考え方であり，国立大学法人会計基準により，今後さまざまな引当金の会計処理をすることになると思われる。
　企業会計では，引当金を計上することができる根拠を次のように定義している（企業会計原則　注解18）。

《引当金の設定根拠》
　(1)　将来の特定の費用又は損失の発生が見込まれる
　(2)　その発生の原因が当期以前の事象に起因するものである
　(3)　将来その費用又は損失の発生の可能性が高い
　(4)　その金額を合理的に見積もることができる

企業会計では，引当金を計上する場合に下記の会計処理を行う。この処理の借方は，引当金を計上する年度の費用又は損失とされ損益計算書に計上され，貸方は貸借対照表の負債の部，又は資産の部に記載される。

《会計処理》

　　　（借方）○○○引当金繰入　×××　（貸方）○○○引当金　×××
　　　　　　　　　　↓　　　　　　　　　　　　　　　　↓
　　　　　　費用又は損失　　　　　　　　　　　負債，資産の部
　　　　　　（損益計算書）　　　　　　　　　　（貸借対照表）

（注）　国立大学会計基準による引当金の計上要件
　　　一般的な引当金の計上要件は，企業会計と同様であるが大学会計基準では，次のような場合は引当金を計上しないこととしている。

　　　「法令，中期計画等に照らして客観的に財源が措置されていると明らかに見込まれる支出については，引当金を計上しない。」

　　　これは中期計画の期間内で，引当金の対象である支出が，全額その年度の運営費交付金として交付されることが明らかである場合は，引当金が計上できないことを示す。

2　引当金の種類

　企業会計ではさまざまな引当金を計上することが認められている。これらを分類すると，貸倒引当金などの評価性引当金，退職給付引当金などの支払義務の明確な債務性引当金，また企業会計原則における引当金の要件を満たすものなどの三つに分類することができる。

《会計上の引当金の分類》
(1)　**評価性引当金**
　　　貸倒引当金（債権から控除される形式で貸借対照表の資産の部へ計

上される)

(2) **債務たる引当金**

商法上の条件付債務であり退職給付引当金もこの中に含まれる。これ以外にも賞与引当金，工事補償引当金，製品保証引当金などがある。

(3) **その他の引当金**

上記《引当金の設定根拠》の要件を満たすもので，修繕引当金や損害補償損失引当金などがある。

国立大学法人等で，引当金として計上することができるものは次の項目であろう。

《大学会計基準の引当金》

(1) **賞与引当金**

賞与引当金については，各国立大学法人等の賞与支給規程等の内容による。ただし，国立大学会計基準の第17条第1項に該当する場合には引当金を計上する必要がある。したがって，決算で夏の賞与の一部に引当金を計上することができる。

(2) **退職給付引当金**

職員が退職する際には，退職金支給規程に基づきその支給が行われる。この財源は国から措置されるので退職給付引当金は計上しない。また，役員退職慰労金についても，国からの財源措置がされない場合は引当金を計上することは認められる。

(3) **修繕費引当金，特別修繕引当金**

大学が保有する設備などを修理する場合に，将来修繕が行われることが計画されているようなときに，修繕費として発生する金額の一部を会計年度末に引当金として計上する。

(4) **損害補償損失引当金**

将来大学の業務活動に関して，何らかの損害が発生した場合に，今年度中にこれを補償するために引き当てるものである。国立大学法人

会計基準では，発生の可能性の低い偶発事象に係る費用又は損失については引当金は計上できないとされているが，これとは区別される引当金である。

(5) **貸倒引当金（徴収不能引当金）**

未収（滞納）の授業料や診療報酬等は将来回収不能になり貸倒損失が発生することも考えられる。そこで貸倒れに備えて，事前に引当金を用意しておくものである。

(注)　保証債務損失引当金の計上

国立大学法人等が，民間企業等の債務の保証を行っている場合は，債務保証の履行によって損失が生じると見込まれる額を保証債務損失引当金として計上しなければならない。

この保証債務損失引当金の額は，主たる債務者の財政状態，担保価値の評価，プロジェクトの損失の見込み，他の保証人の負担能力等を総合的に判断して見積もらなければならない。

保証債務の存在に関しては，注記を要するものとし，その明細，その増減などを附属明細書において明らかにしなければならない。

保証債務の明細

区分	期首残高		当期増加		当期減少		期末残高		保証料収益
	件数	金額	件数	金額	件数	金額	件数	金額	金額
		千円		千円		千円		千円	千円

3　退職給付引当金

国立大学法人会計基準では，退職給付引当金の取扱いは，次のように定められている。

退職給付引当金計上の考え方

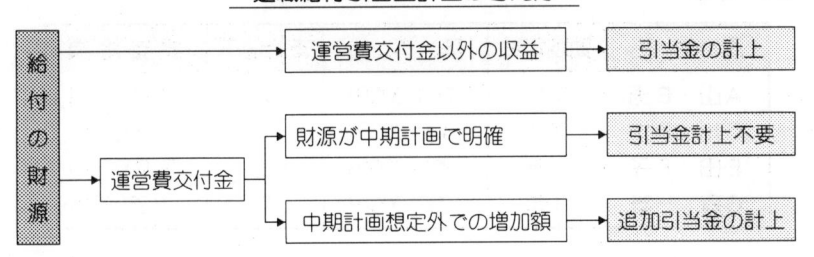

```
給付の財源 ─┬─→ 運営費交付金以外の収益 ──→ 引当金の計上
            │
            └─→ 運営費交付金 ─┬─→ 財源が中期計画で明確 ──→ 引当金計上不要
                              │
                              └─→ 中期計画想定外での増加額 ──→ 追加引当金の計上
```

1．運営費交付金以外の収益からの支払い

　退職給付債務のうち，運営費交付金に基づく収益以外の収益によってその支払財源が手当されることが予定されている部分については，退職給付に係る引当金を計上する。

◆範例1◆

　下記に示す資料により当年度における退職手当金の要支給額を計算しなさい。

（資　料）

1．当校における職員の勤続年数と基本給は次の通りである。

氏　　名	勤続年数	基　本　給	要　支　給　額
A山　B男	30年	500,000円	（　　　）千円
C川　D太	20年	400,000円	（　　　）千円
E田　F子	15年	350,000円	（　　　）千円
G森　H雄	10年	250,000円	（　　　）千円

2．退職手当金の支給倍率は，次の通りである。一部省略している。

勤続年数	10年	15年	20年	30年
支給倍率	5	10	30	40

chapter 8

◎解　答◎

氏　名	勤続年数	基本給	支給倍率	要支給額
A山　B男	30年	500,000円	40	20,000千円
C川　D太	20年	400,000円	30	12,000千円
E田　F子	15年	350,000円	10	3,500千円
G森　H雄	10年	250,000円	5	1,250千円

2．中期計画による運営費交付金の支払い

　退職給付債務について，支払いに充てるべき財源措置が行われることが，例えば中期計画等で明らかにされている場合には，それに相当する部分の退職給付に係る引当金は計上しない。これは，中期計画等においてその支払いが明確になっている場合には，引当計上することなく実際に支給された年度において現金主義記帳が行われるためである。

　なお，この場合は運営費交付金から充当されるべき退職給付の見積額を貸借対照表の注記において表示し，その事業年度の積増し額は国立大学法人等業務実施コスト計算書に計上する。

　中期計画で支払いが予定されている退職金が，運営費交付金により支払われた場合は，運営費交付金債務勘定を収益に振り替えることになる。

退職金支払時：

　　（退　職　手　当）　　×××　　（現　金・預　金）　　×××
　　（運　営　費　　　）　　×××　　（運　営　費　　　）　　×××
　　（交　付　金　債　務）　　　　　　（交　付　金　収　益）

◆範例2◆

　下記に示す資料により，国立大学法人等業務実施コスト計算表を作成しなさい。

　（資　料）

1. 施設費により取得した機械装置に関して24,000千円の減価償却費

を計上する。
2. 中期計画で運営費交付金から支給される退職手当引当金の前年度と当年度の見積額は次の通りである。
   (1) 前年度支払見積額　　134,500千円
   (2) 当年度支払見積額　　146,000千円

（会計処理）
1. 施設費で取得した機械の減価償却費の計上の処理
   (損益外減価償却累計額) 24,000千円　(減価償却累計額) 24,000千円
2. 中期計画内で運営費交付金から支給される退職金に関しては引当金の計上に関する処理は行わない。ただしこの金額は業務実施コスト計算書に計上される。

◎解　答◎

国立大学法人等業務実施コスト計算書
自　平成△年4月1日
至　平成○年3月31日　　（単位：千円）

Ⅰ　業　務　費　用	××××
損益計算書の費用	×××
⋮	⋮
Ⅱ　損益外減価償却相当額	24,000
Ⅲ　引当外退職手当増加見積額	11,500
Ⅳ　機　会　費　用	×××
Ⅴ　国立大学法人業務実施コスト	××××

（重要な会計方針）
　国立大学法人等業務実施コスト計算書に計上されている引当外退職手当見積増加額は自己都合退職金の当期増加額に基づき計上している。

＊ 引当外退職手当増加見積額
　　当年度支払見積額　前年度支払見積額
　　146,000千円 － 134,500千円 ＝11,500千円

◎参　考◎
貸借対照表に記載される注記は次のようになる。

> （重要な会計方針）
> 1. 職員の退職手当146,000千円については中期計画に基づき財源措置がなされるために，退職給付引当金は計上していない。
> 　また，業務実施コスト計算書における引当外退職手当増加見積額11,500千円は，自己都合退職支給額の当期増加額に基づき計上したものである。

3．中期計画想定外の退職金増加の発生

　国立大学法人等が中期計画等で想定した運営を行わなかったことにより将来の追加的な退職金債務が発生した場合には，当期において負担すべき追加的費用を追加退職給付引当金勘定に繰り入れ，貸借対照表の固定負債の部に表示するものとする。

　なお，その場合に当該年度中に追加的な退職給付が支給されている場合には，当該追加分を当期の損益に反映させるものとする。

会計処理：

（追加退職給付引当金繰入）　×××　　（追加退職給付引当金）　×××※
　　※　要支給額を用いて計算した金額

> ◆範例3◆
> 　当校職員で退職金の支給が大学独自の収入で賄われることを前提にしている者の前年度末の退職給付引当金の要支給額は36,750千円であった。当年度にその中の職員1名が退職して3,700千円（前年度末

要支給額3,500千円）を支給している。当年度のこれら残りの職員に対する要支給額は36,000千円である。なお，これ以外に中期計画想定外による追加的な退職手当の引当てを1,000千円行うものとする。

これらにより，期中における退職金の支払いに関する処理と決算における退職給付引当金の設定に関する処理を示しなさい。

◎解　答◎

退職手当の支給が，運営費交付金を財源として賄われる場合は，退職給付引当金を計上することはできない。しかし，これ以外の収益をその支給財源とする場合には，退職給付引当金を計上することができる。

1. **期中退職手当支給に関する処理**

   前年度末の要支給額より多い金額が支払われているが，これは基本給の増加や支給係数の変更，在職中における功労などにより発生するものである。退職給付引当金を超える部分は退職手当で処理する。

   （退職給付引当金）　3,500千円　　（現 金・預 金）　3,700千円
   （退 職 手 当）　　 200千円

2. **年度末退職給付引当金の計上**

   当期末の要支給額と前期末の要支給額を比較して，その増加金額が当年度末の繰入額になる。ただし，この例では期中に1名退職者がいるので，単純な比較により繰入額を計算することはできない。

   （退職給付引当金繰入）　2,750千円　　（退職給付引当金）　2,750千円＊
   （追加退職給付引当金繰入）　1,000千円　　（追加退職給付引当金）　1,000千円

   ＊　内　訳
   　　当期末要支給額　　前期末要支給額　期中退職者
   　　36,000千円 －（36,750千円 － 3,500千円）＝ 2,750千円

4．退職給付債務

(1) 退職給付引当金の額

一般企業の退職給付金は，従業員との間に労働協約など一定の契約が存在し，その支払いは義務づけられている。

この金額は，各人別に退職時に支払いが見込まれる退職給付額の総額から，期末までに発生している額を割引計算して求めた金額である（退職給付債務）。

$$\left(\frac{退職給付総額}{全勤務期間} \times 期末までの勤務期間\right) \div (1+割引率)^{残存勤務期間}$$

◆範例4◆

5年後の退職時に1,000千円の退職金を支払うものとして1,000千円の退職見積額（1年間：200千円）を割引率2％として各期末における退職給付債務の額を計算しなさい。

◎解　答◎

退職給付債務は，退職時に見込まれる退職給付の総額（1,000千円）を，全勤務期間（5年）で除した額（200千円＝1,000千円÷5年）を各期の発生額とし，この金額を一定の割引率及び予想される退職時から現在までの残存勤務期間に基づいて割引計算する。

　　　　　　　　期末までの　　　割引計算
　　　　　　　　発生額

1年目末：200千円÷1.02÷1.02÷1.02÷1.02≒184.8千円

2年目末：(200千円×2年分)÷1.02÷1.02÷1.02≒376.9千円

3年目末：(200千円×3年分)÷1.02÷1.02≒576.7千円

4年目末：(200千円×4年分)÷1.02≒784千円

(注)　割引率

退職給付債務の計算における割引率は，安全性の高い長期の債券である国債，政府機関債及び優良社債の利回りをいう。

なお，割引率は，一定期間の債券の利回りの変動を考慮して決定することができる。

(2) 基本的な計上額

実際に退職給付引当金に計上する金額は，退職給付債務から年金資産の額を控除した額とする。

$$退職給付引当金 = 退職給付債務 - 年金資産$$

多くの一般企業では，毎年発生する多額の退職金支払いのために外部の企業（信託銀行，証券会社等）へ退職金や年金の支払いのための資産運用を行っているのが一般的である。

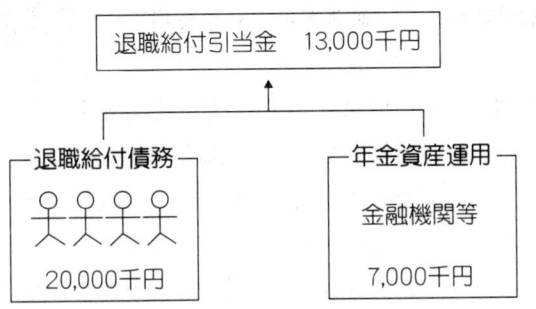

```
        退職給付引当金  13,000千円
                ↑
    ┌───────────┴───────────┐
  ─退職給付債務─          ─年金資産運用─
                            金融機関等
    20,000千円               7,000千円
```

したがって退職給付引当金の貸借対照表への計上額は，この差額部分だけを計上することが基本になる。ただし差異が発生することが予想されるために，この金額を調整する必要がある。

(3) 負債への計上額

実際に退職給付引当金として負債へ計上する金額は，退職給付債務に未認識過去勤務債務及び未認識数理計算上の差異を加減した額から年金資産の額を控除した額とすればよい。

(注) **過去勤務債務とは**

退職給付水準の改訂等に起因して発生した退職給付債務の増加又は減少部分をいう。

なお，このうち費用処理（費用の減額処理又は費用を超過して減額した場合の利益処理を含む）されていないものを「未認識過去勤務債務」という。

(注) **数理計算上の差異**

年金資産の期待運用収益と実際の運用成果との差異，退職給付債務の数理計算に用いた見積数値と実績との差異及び見積数値の変更等により発生した差異をいう。

なお，このうち費用処理されていないものを「未認識数理計算上の差異」という。

(4) **退職給付費用等の計算**

① **勤務費用と利息費用**

当期の退職給付引当金勘定への繰入額である退職給付費用の計算は次によるものとする。

$$（退職給付費用）＝（勤務費用＋利息費用）－\binom{年金資産の}{期待運用収益}$$

* 勤務費用……一期間の労働の対価として発生したと認められる退職給付をいい，退職給付見込額のうち当期に発生したと認められる額を一定の割引率及び残存勤務期間に基づき割り引いて計算する。
* 利息費用……割引計算により算定された期首時点における退職給付債務について，期末までの時の経過により発生する計算上の利息をいい，期首の退職給付債務に割引率を乗じて計算する。
* 期待運用収益……期首の年金資産の額について合理的に予測される収益率を乗じて計算する。

◆**範例5**◆

前範例4において求めた，各年度末の退職給付債務の額を参考にして，3年度末における(1)勤務費用の額(2)利息費用の額を計算しなさい。

chapter 8　引当金の会計処理

◎解　答◎
1．退職給付債務の金額

2年度末：(200千円×2)÷1.02÷1.02÷1.02≒376.9千円
3年度末：(200千円×3)÷1.02÷1.02　　≒576.7千円
　　　　　　　　　　　　　　　　　増加額：199.8千円

2．勤務費用の額

退職給付　残存勤務期間
見込額
200千円÷1.02÷1.02≒192.23千円*

　＊内　訳
　　当期に発生したと認められる退職給付見込額200千円（1,000千円÷5年）を割引率である1.02及び残存勤務年数2年（4年度，5年度分）に基づいて計算している

3．利息費用

376.9千円×0.02＝7.53千円*

　＊内　訳
　　期首（2年度末）退職給付債務376.9千円に割引率2％を乗じることにより求めることができる。

4．退職給付債務の増加額の内訳

　2年度末と3年度末に退職給付債務が199.8千円(上記1．より576.7千円−376.9千円)増加しているが，この内訳が勤務費用と利息費用の合計額である。

勤務費用　利息費用
192.23千円＋7.53千円≒199.8千円

（参　考）

勤務費用及び利息費用をそれぞれ仕訳すれば，次のようになる。

（退職給付費用）　192.23千円　（退職給付引当金）　192.23千円
（退職給付費用）　　7.53千円　（退職給付引当金）　　7.53千円

② 期待運用収益

　期待運用収益は，企業年金制度における年金資産の運用により生ず

ると期待される収益をいい，期首の年金資産の額について合理的に予測される収益率（期待運用収益率）を乗じて計算する。

$$（期待運用収益）＝（期首年金資産の額）×（期待運用収益率）$$

（会計処理）

期待運用収益に関する会計処理は，収益を計上するものではなく退職給付費用の負担額が減少したことを示すために，下記の処理が行われる。

(退職給付引当金)　×××　　(退職給付費用)　×××

◆**範例6**◆

下記に示す資料により，当校において行うべき退職給付引当金の計上に関する処理を(1)勤務費用 (2)利息費用 (3)期待運用収益に分けてそれぞれ示しなさい。

（資　料）

1．退職金の支給予定総額は5,000千円であり，勤務5年後にこれを支払う予定である。現在第4期である。
2．年金資産の第3期末の金額は600千円であり，年金資産の期待運用収益率は5％として計算している。
3．退職給付債務の計算にあたっての割引率は年4％として計算するものとする。

◎**解　答**◎

1．勤務費用

(退職給付費用)　961.5千円*　　(退職給付引当金)　961.5千円

＊内訳

$$\left(\frac{5,000千円}{5年}×1年\right)÷1.04≒961.5千円$$

2．利息費用

(退職給付費用)　110.9千円*　　(退職給付引当金)　110.9千円

* 内　訳
(1) 期首退職給付債務：
$$\left(\frac{5,000千円}{5年} \times 3年分\right) \div (1+0.04)^2 ≒ 2,773.7千円$$
(2) 利息費用：(1)×0.04≒110.9千円

（参　考）

勤務費用と利息費用の合計額1,072.4千円（961.5千円＋110.9千円）は、4期分における退職給付債務の増加額に相当するはずである。

(1) 4期末：
$$\left(\frac{5,000千円}{5年} \times 4年分\right) \div (1+0.04) ≒ 3,846.1千円$$

(2) 3期分：
$$\left(\frac{5,000千円}{5年} \times 3年分\right) \div (1+0.04)^2 ≒ 2,773.7千円$$

(3) 増加分：
　　(1)－(2)≒1,072.4千円

3．期待運用収益

（退職給付引当金）　30千円　　（退職給付費用）　30千円＊

　＊　内　訳
　　　期首年金資産　収益率
　　　　600千円　×　5％　＝30千円

(5) 年金資産の増減

期中において、職員の退職による退職金の支払い、企業年金、退職年金への払込みによる積増しなどにより、退職給付引当金や年金資産は増減するはずである。これらを考慮した場合に、退職給付引当金に関する処理がどのように行われるか検討したい。

① 年金基金の拠出時

期中において、年金基金への現金拠出等による積増しが行われた場合には、退職給付引当金勘定を減少させる。

（退職給付引当金）　×××　（現　金　預　金）　×××

　これは年金基金への拠出そのものが，外部団体への退職金，年金の支払いに関する業務を委託したことになり，その拠出時には借方に資産勘定や費用勘定を計上することはせず，法人が行うべき退職金支払いに関する義務（債務）が減少したと考えればよい。

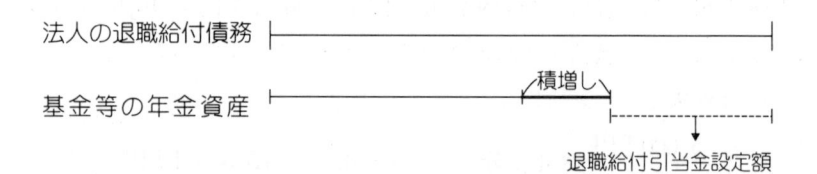

法人の退職給付債務　|─────────────────────|

基金等の年金資産　　|─────────────|積増し|‑‑‑‑‑‑‑‑‑|
　　　　　　　　　　　　　　　　　　　　　↓
　　　　　　　　　　　　　　　　　　　退職給付引当金設定額

◆範例7◆

　期首における退職給付債務は50,000千円であり，同じく年金資産の金額は32,000千円であった。期中において現金2,000千円を年金基金へ拠出してその積増しを行った。

◎解　答◎

　　（退職給付引当金）　2,000千円*　（現　　　　金）　2,000千円
　　＊　内　訳

　　　　　　　　　退職給付債務　50,000
　　　　年金資産 32,000　　退職給付引当金 18,000
　　　　　　　　　当期の拠出
　　　　　　　　　　↓
　　　　　　　　　退職給付債務　50,000
　　　　年金資産 34,000　　退職給付引当金 16,000

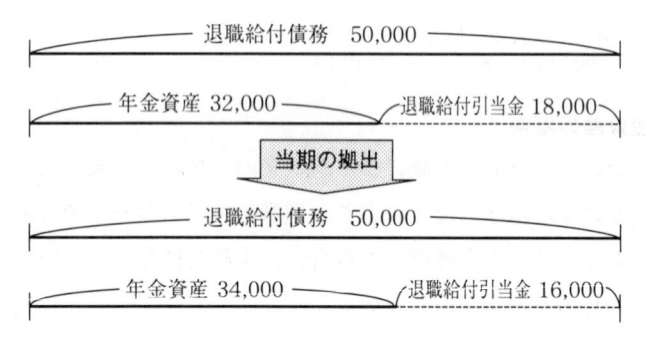

② 退職金の支払い

　法人において，退職金の支払いが行われるケースは，二つ考えられ

る。まず，積立委託を行っている基金等の団体が支払いを行うケースであり，いまひとつが，自からの法人が退職金の支出を行い，その支払いを行うケースである。

a）　**退職年金資産からの支払い**

退職金支払いのために年金資産を積み立てており，ここから支払いが行われているため，この支払額そのものについては，退職給付債務の減少と年金資産が同時にマイナスするだけであり，仕訳は発生しない。

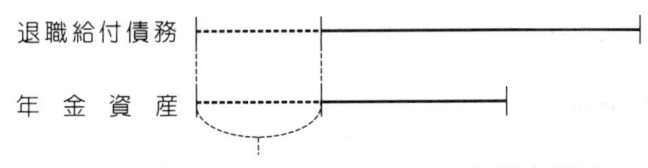

```
退職給付債務 |-------|----------------|
年　金　資　産 |-------|--------|
           退職金の支払いにより，この部分が同額だけ消滅する
```

b）　**自己資金による支払い**

退職給付債務の金額について，年金資産が用意されていない場合は，その用意されていない部分が退職給付引当金として計上されている。法人が年金資産からではなく，自己資金により退職金を支払った場合には，この退職給付引当金からの支払いと考えることになる。

（退職給付引当金）　×××　　（現　金　預　金）　×××

◆**範例8**◆

下記に示す資料により，退職給付引当金に関する処理を各設問につき答えなさい。

設問1． 退職給付引当金の期首設定の処理（三つに区分して示すこと）

設問2． 当期における退職金2,500千円が，年金資産から支払われた場合

設問3． 当期における退職金2,500千円が，会社から支払われた場合

設問4．当期中において現金3,000千円が年金資産に追加額として拠出された場合

（資　料）
1．期首における退職給付債務は180,000千円であり，当期中における勤務費用は7,000千円とする。
2．利息費用の計算に際して用いる割引率は年2％とするものとする。
3．期首おける年金資産の額は120,000千円であり，この金額に期待運用収益率1.5％を用いたものを当期の運用収益とする。

◎解　答◎
設問1
(1)　勤 務 費 用：
　　（退 職 給 付 費 用）　7,000千円　　（退職給付引当金）　7,000千円
(2)　利 息 費 用：
　　（退 職 給 付 費 用）　3,600千円＊　（退職給付引当金）　3,600千円
　　　＊　内　訳
　　　　180,000千円×2％＝3,600千円
(3)　期待運用収益
　　（退職給付引当金）　1,800千円　　（退 職 給 付 費 用）　1,800千円＊
　　　＊　内　訳
　　　　120,000千円×1.5％＝1,800千円

設問2
　　　　（仕　訳　な　し）
　　　＊　内　訳
　　　　年金資産から退職金が支払われている場合には，すでに法人が資産の拠出を行い，それが積み立てられたものから支払いが行われている。自らが退職金支払いのための支出をしているわけではないため，仕訳は発生しない。

chapter 8 引当金の会計処理

設問 3

(退職給付引当金)　2,500千円*　　(現　金・預　金)　2,500千円

* 内　訳

退職金の支払いが，年金資産からではなく法人自らの支払いにより行われた場合には，債務たる退職金が引当金として計上されているのでこの金額からの支払いとして処理される。

設問 4

(退職給付引当金)　3,000千円*　　(現　金・預　金)　3,000千円

* 内　訳

退職年金基金等への年金資産の積立ては，借方の勘定科目に資産や費用勘定を計上することはしない。法人からの年金資産への拠出により債務である退職金が減少すると考えて退職給付引当金勘定をマイナスすればよい。

(参　考)

本問において，期中の退職金2,500千円の支払いが年金資産から支払われたものとした場合(設問2)，期末における退職給付引当金の金額65,820千円を示せば，次の通りである (単位：千円)。

```
┌──────期首退職給付債務　180,000──────┐ ┌勤務費用┐┌利息費用┐
                                                7,000    3,600
┌期首年金資産　120,000┐ ┌追　　加┐┌運用収益┐
                         3,000    1,800      ┌─65,800※─┐
支給
2,500                                        退職給付引当金
```

＊　内　訳 (単位：千円)
(1)　期末退職給付債務：
期首残高　期中支出　　勤務費用　利息費用
(180,000－2,500) ＋7,000＋3,600＝188,100
(2)　期末年金資産：
期首残高　期中支出　　勤務費用　利息費用
(120,000－2,500) ＋3,000＋1,800＝122,300
(3)　退職給付引当金：
(1)－(2)＝65,800

(6) 過去勤務差異

過去勤務差異とは，退職給付水準の改訂などに起因して発生した退職給付債務の増加又は減少部分をいう。

なお，このうち費用処理されていない，費用の減額処理又は費用を超過して減額した場合の利益処理したものを「未認識過去勤務債務」という。

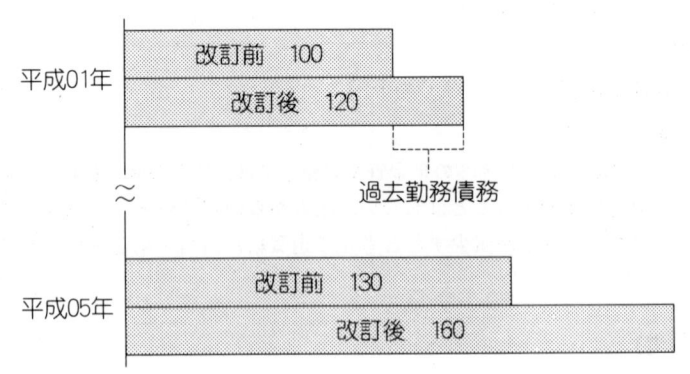

```
平成01年    改訂前　100
            改訂後　120
                      └─ 過去勤務債務

平成05年    改訂前　130
            改訂後　160
```

（過去勤務差異の会計処理）

① **原則的処理方法**

過去勤務差異は，原則として各期の発生額について平均残存勤務期間以内の一定の年数で按分した額を毎期費用処理しなければならない。

また，過去勤務差異を発生年度において一括して費用処理することも認められる。

② **例外的処理方法**

未認識過去勤務債務の残高の一定割合を費用処理する方法も認められている。

（注） **一定割合とは**

過去勤務債務差異の発生額が平均残存勤務期間以内に概ね費用処理される割合を用いる。

◆**範例9**◆

平成01年度の初めに入社し，平成05年度末に満5年間勤務し退職する予定の従業員の退職給付債務について，下記の資料を参考にして平成03年度末における過去勤務債務の金額と，この過去勤務差異を2年間で償却する処理を示しなさい。

（資　料）
1．退職給付の見込額は11,025千円（年間2,205千円）
2．割引率は年5％
3．入社後3年経過した平成03年度末に退職金規程が改訂され，退職給付の見込額が15,435千円になった。

◎**解　答**◎

1．前期末までの発生額

(1) 改　訂　前
$$11,025千円 \times \frac{3年}{5年} \div 1.05 \div 1.05 = 6,000千円$$

(2) 改　訂　後
$$15,435千円 \times \frac{3年}{5年} \div 1.05 \div 1.05 = 8,400千円$$

2．過去勤務債務の金額

　　　　改訂後　　　改訂前
　　8,400千円 － 6,000千円 ＝ 2,400千円

3．過去勤務差異の償却

（退職給付費用）　1,200千円＊　　（退職給付引当金）　1,200千円

＊内　訳

　　　　過去勤務債務
$$2,400千円 \times \frac{1年}{2年} = 1,200千円$$

(7) 数理計算上の差異

退職給付債務に加減される数理計算上の差異とは，次の差異をいう。

（数理計算上の差異）
① 年金資産の期待運用収益と実際の運用成果との差異
② 退職給付債務の数理計算に用いた見積数値と実績との差異
③ 見積数値の変更等により発生した差異

上記の差異のうち，費用処理されていないものを未認識数理計算上の差異という。

（数理計算上差異の会計処理）

未認識数理計算上の差異は，次の方法で償却するものとする。なお，この償却は発生年度の翌年から償却を開始することも認められる。

① **原則的処理方法**

　数理計算上差異は，原則として各期の発生額について平均残存勤務期間以内の一定の年数で按分した額を毎期費用処理しなければならない。また，数理計算上差異を発生年度において一括して費用処理することも認められる。

② **例外的処理方法**

　未認識数理計算上の差異残高の一定割合を費用処理する方法も認められている。

　（注）一定割合とは

　　数理計算上差異の発生額が平均残存勤務期間以内に概ね費用処理される割合を用いる。

◆範例10◆

下記に示す資料により，当期首における退職給付引当金設定の仕訳，期末における未認識数理計算上の差異償却の仕訳をそれぞれ示しなさい。

（資　料）

1．期首における退職給付債務は150,000千円，年金資産は90,000千円である。これらの金額については，差異は一切生じていない。

chapter 8　引当金の会計処理

> 2．当期首の退職給付債務の計算にあたり，割引率は年6％，年金資産の期待運用収益率は年4％とする。
> 3．当期における勤務費用の発生額は11,000千円であり，年金資産の実際運用収益率は3％であった。
> 4．数理計算上の差異は，3年間で均等額ずつ償却するものとする。

◎解　答◎

1．当期首の退職給付引当金の設定仕訳

（退職給付費用）　16,400千円　（退職給付引当金）　16,400千円

＊　内　訳

　　　　勤務費用　　　　　　利息費用　　　　　　期待運用収益
　　11,000千円＋150,000千円×6％－90,000千円×4％＝16,400千円

2．期末時の数理計算上の差異償却

（退職給付費用）　　300千円　（退職給付引当金）　　300千円

＊　内　訳
　　（90,000千円×4％－90,000千円×3％）÷3年＝300千円

---◆範例11◆---

　平成01年度に入社した従業員が，満5年勤務して平成05年度末に退職することとした場合，平成03年度末に割引率を5％から4.5％に変更した場合，発生する数理計算上の差異を2年間で償却するものとした場合の償却時の処理を示しなさい。

（資　料）

1．退職給付の見込額は11,025千円（年間2,205千円）
2．割引率は平成03年度末に5％から4.5％へ変更する。
3．数理計算上の差異は，定額により均等額を償却する。
4．計算上生ずる千円未満の端数は四捨五入する。

◎解　答◎

（退職給付費用）　　29千円　（退職給付引当金）　　29千円

※ 内訳
① 割引率5％：11,025千円×$\dfrac{3年}{5年}$÷$(1.05)^2$＝6,000千円
② 割引率4.5％：11,025千円×$\dfrac{3年}{5年}$÷$(1.045)^2$＝6,058千円
③ 償却率：(②－①)÷2年＝29千円

4 貸倒引当金

1．貸倒れとは何か

　貸倒れとは，学生納付金や病院収入の未収額が回収不能になることをいう。この場合には学生や患者からの未回収額が，貸倒損失勘定に計上される。

貸倒れ発生：
　　（貸　倒　損　失）　　×××　　（未収学生納付金）　　×××

(参考)　貸倒れの計上

　税法では，企業に貸倒損失を簡単に計上させないために，次のような場合にのみ貸倒損失勘定を計上することを認めている。

(1)　**法律上の貸倒れ**‥債権の全部又は一部が，会社更生法などの法的処置により切り捨てられてしまうことになった場合，また債務者に書面により債務免除をした場合

(2)　**事実上の貸倒れ**‥債権の全部が，債務者の資産状況・支払能力等から考慮して経済的に無価値となり回収不能の場合

(3)　**形式上の貸倒れ**‥売掛金が債務者との取引停止時（最後の弁済時等）から当期末まで1年以上経過しているときは，1円の備忘価額を残し貸倒れとすることができる。

2．貸倒引当金の計上

　将来貸倒れが発生することが予想される場合には，これを事前に見込んで貸倒引当金が設定される。この貸倒引当金は，設定の際に貸倒引当金繰入という損失が見積計上される。

　この損失が，収益である売上と対応することにより「費用収益の対応」がなされていると考えることができる。

　対応　→収益：（未収学生納付金）×××　（授業料収益）×××
　　　　→費用：（貸倒引当金繰入）×××　（貸　倒　引　当　金）×××

《貸借対照表の表示》

　貸倒引当金は引当金であるが，退職給付引当金などのような引当金と異なり，貸借対照表に債権を計上する際に，貸倒れの発生が予想されることを示す引当金である。このため貸倒引当金は評価勘定と呼ばれる。

貸 借 対 照 表
平成〇年3月31日現在　　　　　　　　（単位：千円）

Ⅰ　固定資産

Ⅱ　流動資産
　　　　⋮
　　未収学生納付金収入　　10,000
　　貸　倒　引　当　金　　△ 400　　9,600

（注）**貸倒引当金について**
　　　実際は「徴収不能引当金」を用いる。

（参考）　企業会計における債権の貸借対照表価額

　企業会計では「金融商品に係わる会計基準」において受取手形，売掛金，貸付金その他の債権の貸借対照表価額は，取得価額から貸倒見積高に基づいて算定された貸倒引当金を控除した金額とする。

　貸倒見積高の算定にあたっては，債務者の財政状態及び経営成績等に応じて，債権を次のように区分する。

国立大学法人等においても，この方法によることが適当であると認められるときは，下記の方法で引当金を計上することができる。

《債権の区分》
(1) **一 般 債 権**‥経営状態に，重大な問題が生じていない債務者に対する債権
(2) **貸倒懸念債権等**‥経営破綻の状態には至っていないが，債務の弁済に重大な問題が生じているか，又は生じる可能性の高い債務者に対する債権
(3) **破産更生債権等**‥経営破綻又は実質的に経営破綻に陥っている債務者に対する債権

債権の区分	貸 倒 引 当 金 の 算 定 方 法
一 般 債 権	債権の全体，又は債権の種類ごとにその状況に応じて求めた過去の貸倒実績率を用いて計算する。
貸倒懸念債権	下記のいずれかの方法により貸倒見積高を算定する。 (1) 債権額 － 担保処分(債務保証)額 (2) キャッシュ・フロー計算法
破産更生債権	債権額 － 担保処分(債務保証)額

◆範例12◆

当期末における(株)東京産業の債権残高は，次に示す通りである。貸倒見積額を計算してこの金額を基礎にして貸倒引当金を設定しなさい。

(資料１)

決算整理前残高試算表
平成○年３月31日　　　　　　（単位：円）

︙	
受 取 手 形	40,000,000
売 掛 金	31,000,000
貸 付 金	12,000,000

（資料2）
1. 受取手形勘定のうち6,000,000円は，神田工業（株）からの約束手形であったが，期末に不渡りが発生した。神田工業（株）は，これにより実質的に経営が破綻したものと考えるものとする。
2. 貸付金勘定の内3,000,000円は，取引先の(有)静岡物産に対するものである。静岡物産(有)は，経営は破綻していないが，今後債務の弁済に支障をきたす問題が生じている。
　　当社では，静岡物産(有)への貸付けに際して，その所有する不動産へ2,500,000円の抵当権を設定している。
3. 一般債権には，過去の貸倒発生率である実績率を考慮して2％の貸倒れを見積もる。

◎解　答◎
1. **不渡手形の振替え**
　　受取手形の中に含まれる不渡手形を破産更生債権勘定へ振り替える。
　　（破産更生債権）　6,000,000　（受 取 手 形）　6,000,000
　　（貸倒引当金繰入）　6,000,000　（貸 倒 引 当 金）　6,000,000

2. **貸付金の処理**
　　貸付金の一部が貸倒懸念債権になっているので振替処理が必要である。また貸倒見積高は債権金額から担保金額を控除した金額とする。
　　（貸 倒 懸 念 債 権）　3,000,000　（貸　　付　　金）　3,000,000
　　（貸倒引当金繰入）　　500,000*　（貸 倒 引 当 金）　　500,000
　　＊　内　訳
　　　　貸付金額　　　担保金額
　　　　3,000,000円 － 2,500,000円 ＝ 500,000円

3. **一般債権への引当金の計上**
　　受取手形（除：不渡手形），売掛金と貸付金の金額に過去の実績率2％で貸倒れを見積もる。
　　（貸倒引当金繰入）　1,480,000*　（貸 倒 引 当 金）　1,480,000

＊内　訳
　　　　受取手形　　不渡手形　　売掛金　　　貸付金　　　懸念債権
　　（40,000千円－6,000千円＋31,000千円＋12,000千円－3,000千円）×2％
　　＝1,480千円

3．貸倒引当金の設定

　貸倒引当金を計上した翌年度において，債権の回収不能が必ずしも予想した通り発生するわけではない。むしろ予想した金額より，発生した貸倒れの方が多い場合や少ない場合の方が，一般的である。

　もし前年度末に計上した貸倒引当金より，当年度中に発生した債権の回収不能額の方が少ない場合は，当年度末に貸倒引当金の未使用残高が存在することになる。この状態で，当年度末に貸倒引当金を設定する場合，この残高をどのように取り扱うべきかが問題になる。

■検　討■

貸借対照表
平成○年3月31日現在　　　　（単位：千円）

⋮		⋮	
未収学生納付金収入	10,000	貸倒引当金	200

□質　問

　未収学生納付金収入に5％の貸倒れを見積もりたい。当年度の繰入額は500千円，それとも300千円か？

□考え方

　二つの考え方は，それぞれ次のように呼ばれている。

　　貸倒引当金の繰入金額 ─┬→ 差額補充法：300千円とする
　　　　　　　　　　　　　└→ 洗　替　法：500千円とする

　貸倒引当金を計上する場合には，前年度末に計上された貸倒引当金をど

のように考慮して当年度の引当金を計上すべきかが問題になる。上記で検討したように差額だけの金額を繰り入れる方法と改めて全額を繰り入れる方法の二つがある。これらの会計処理を示せば次のようになる。

《会計処理》
1. 差額補充法
　　（貸倒引当金繰入）　　300千円　　（貸倒引当金）　　300千円
2. 洗　替　法
　　（貸倒引当金繰入）　　500千円　　（貸倒引当金）　　300千円
　　（貸倒引当金）　　　　200千円　　（貸倒引当金戻入）　200千円※
　　　　　　　　　　　　　　　　　　　－臨　時　利　益－

　　※　貸倒引当金戻入の取扱い
　　　　貸倒引当金戻入は，当年度の運営状況を示すための金額ではないため，損益計算書の経常損益計算の区分には含まれない。したがって，貸倒引当金戻入勘定は臨時利益の区分に表示される。

　貸倒引当金勘定を設定している場合に，翌年度で貸倒れが発生した場合は，貸倒損失勘定で処理するのではなく，貸倒引当金勘定で処理すべきである。

《貸倒れの発生》
　◎ケース１：債権金額＜貸倒引当金
　　（貸倒引当金）　　×××　　（債権勘定）　　×××
　◎ケース２：債権金額＞貸倒引当金
　　（貸倒引当金）　　×××　　（債権勘定）　　×××
　　（貸倒損失）　　　×××

◆範例13◆

当校では前年度末に，債権関係について貸倒引当金（960千円）を設定している。当年度に下記の貸倒れが発生した場合の処理を示しなさい。

1. 未収附属病院収入680千円（前年度分）は，当年度中に患者の資産

状況等を考慮して貸倒れとすることとした。
　2．未収学生納付金収入570千円（前年度分）は，会計課で調査したところ学生及び保護者の所在が不明であり，その回収は困難である。

◎解　答◎

1．（貸 倒 引 当 金）　　680千円　　（未収附属病院収入）　　680千円
2．（貸 倒 引 当 金）　　280千円　　（未収学生納付収入）　　570千円
　（貸 倒 損 失）　　290千円*

　＊　注意事項
　　　貸倒損失勘定は当事業年度に発生した債権に関して計上すべきもので，この例のように前年度から繰り越された債権が，回収不能になった場合は使用すべきではない。この例では，前年度発生の債権であることを明確に示すために，臨時損失に属する前年度貸倒損失勘定等を用いることも考えられる。

4．償却債権取立益

　過年度に貸倒処理した債権が，それ以降の会計年度で回収された場合は，この金額を償却債権取立益として計上する必要がある。この償却債権取立益勘定は，経常収益に属するものではなく，臨時利益に属する項目である。この償却債権取立益は，過年度の貸倒れの修正であるが，過年度において貸倒処理したものの修正という意味の処理ではなく，過去の償却した債権の回収という概念で処理をするものとする。

　回　収　時：
　　（現 金 ・ 預 金）　　×××　　（償却債権取立益）　　×××
　　　　　　　　　　　　　　　　　　　－臨 時 利 益－

◆範例14◆
　前会計年度で，貸倒処理した未収学生納付金収入1,200千円の一部200千円が，父兄より当校の当座預金口座へ振り込まれた。回収不能

と判断された際に，下記の処理を行っている。

回収不能時：
（貸　倒　損　失）　1,200千円　（未収学生納付金収入）　1,200千円

◎解　答◎

回収不能（貸倒れ）時の処理を意識することなく，臨時利益に属する勘定科目である償却債権取立益勘定を計上する。

（当　座　預　金）　　200千円　（償却債権取立益）　　200千円

5　賞与引当金

賞与引当金については，各国立大学法人等の賞与支給規程などの内容によるが，国立大学法人会計基準17に該当する場合には引当金の計上を行うことも考えられる。ただし，中期計画等に照らして客観的に財源が措置されていると明らかに見込まれる場合は賞与引当金は計上しない。

《賞与引当金の設定根拠》
(1)　将来の特定の費用又は損失の発生が見込まれる。
(2)　その発生の原因が当期以前の事象に起因するものである。
(3)　将来その費用又は損失の発生の可能性が高い。
(4)　その金額を合理的に見積もることができる。

賞与は，給料の後払いとしての性格を有しており，一般的に年2回，夏と冬にそれぞれ支給される。おおむね，その支給対象期間は6ヶ月である。会計年度末である3月31日は，夏の賞与の支給対象期間の中に含まれており，この事実を考慮して賞与引当金を計上することが考えられる。

(具体例)

　夏の賞与の支給対象期間が12月1日から5月31日までの6ヶ月とした場合，会計年度の終了する3月31日は，この支給対象期間に含まれている。そこで12月1日から3月31日までに，職員が勤務している事実にかんがみ，この期間の4ヶ月分を賞与引当金に計上する。

　決算整理仕訳：
　　（賞与引当金繰入）　　×××　　（賞与引当金）　　×××

■図　解■

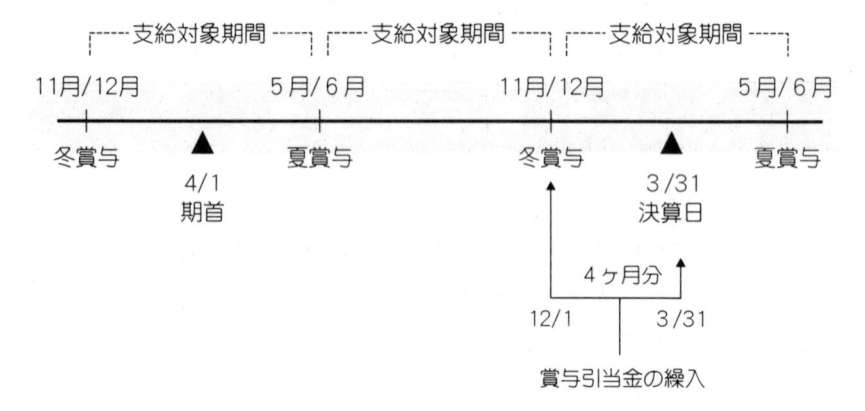

```
 ┌--- 支給対象期間 ---┐ ┌--- 支給対象期間 ---┐ ┌--- 支給対象期間 ---┐
11月/12月            5月/6月            11月/12月            5月/6月
───┬─────────────▲─────┬─────────────▲─────┬─────────────
 冬賞与           4/1  夏賞与         冬賞与  3/31        夏賞与
                  期首                        決算日

                                         ↑  4ヶ月分  ↑
                                       12/1        3/31
                                       賞与引当金の繰入
```

◆範例15◆

　会計年度末において賞与引当金が財源措置されていない場合，職員に対する賞与引当金の計上を行いなさい。

残　高　試　算　表
平成○年3月31日　　　　　　（単位：千円）

：		：	
給 与・手 当	157,900	賞 与 引 当 金	3,000
職 員 賞 与	7,200		

（資　料）

1．賞与の支給は年2回であり，支給対象期間は夏が11月1日から4

月30日，冬が5月1日から10月31日である。
2. 賞与の支給金額は，夏冬ともに基本給の2ヶ月分である。当校における当年度の職員に対する基本給の総額は，1月あたり1,800千円である。また年度末に退職する予定の職員もいない。
3. 当年度中において，賞与を支給した際には下記の処理が行われている。なお，残高試算表に計上されている賞与引当金3,000千円は，前年度末に繰り入れられたものである。

夏の支給時：
　（職　員　賞　与）　3,600千円　（現　金　預　金）　3,600千円

冬の支給時：
　（職　員　賞　与）　3,600千円　（現　金　預　金）　3,600千円

◎解　答◎

前年度末に計上されたままになっている賞与引当金を夏の賞与の支給に関する金額と相殺し，改めて当年度末の賞与引当金を計上する。

1. **前年の賞与引当金の精算**

　（賞　与　引　当　金）　3,000千円　（職　員　賞　与）　3,000千円

　（注）　支給時の正しい処理……夏の賞与支給時
　　　　（賞　与　引　当　金）　3,000千円*　（現　金・預　金）　3,600千円
　　　　（職　員　賞　与）　　600千円
　　　＊　内　訳
　　　　$1,800千円 \times 2ヶ月分 \times \dfrac{5ヶ月（11月〜3月）}{6ヶ月（11月〜4月）} = 3,000千円$

2. **当年度末分の繰入れ**

　（賞与引当金繰入）　3,000千円*　（賞　与　引　当　金）　3,000千円

　　＊　内　訳
　　　$1,800千円 \times 2ヶ月分 \times \dfrac{5ヶ月（11月〜3月）}{6ヶ月（11月〜4月）} = 3,000千円$

Chapter 9 キャッシュ・フロー計算書

1 この計算書の意義

　キャッシュ・フロー計算書は，財務諸表である貸借対照表や損益計算書とは異なる情報を公開する報告書である。

　貸借対照表が，国立大学法人等の一定時点における財政状態を明らかにすることを目的にし，その資産，負債及び資本を表示し，損益計算書が一定期間の国立大学法人等の運営状況を明らかにするためにその収益と費用を対応させて当期総利益を表示した。

　キャッシュ・フロー計算書は，これらの情報とは異なる金銭の収支を示そうという報告書である。財産や利益とは無関係に金銭の収支だけを示そうとする点が大きな特徴である。

　国立大学や一般企業を一つの経済主体であると考えた場合，ここにはさまざまな金銭の収支が発生する。複式簿記は，この金銭の収支を一定のルールに従って記録し，財政状態や運営状況を示そうとしたものである。もう一歩別の立場から，金銭の収支のみを純粋に収入と支出として対比させて資金繰りを検討しようというのがキャッシュ・フロー計算書の機能である。

相互の財務諸表の関係

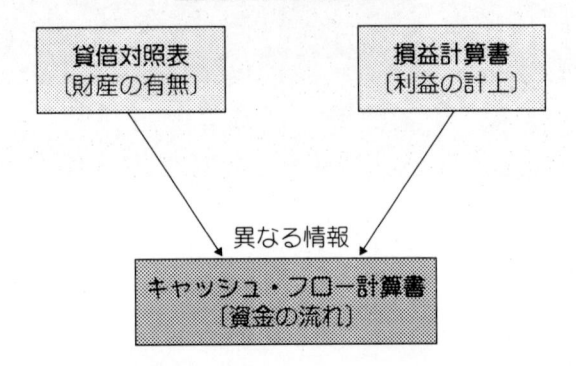

```
┌──────────────┐        ┌──────────────┐
│  貸借対照表   │        │  損益計算書   │
│ 〔財産の有無〕 │        │ 〔利益の計上〕 │
└──────┬───────┘        └───────┬──────┘
       │      異なる情報         │
       └────────────┬────────────┘
                    ▼
          ┌──────────────────┐
          │ キャッシュ・フロー計算書 │
          │   〔資金の流れ〕    │
          └──────────────────┘
```

（資金の流れ）

　例えば財務が健全であり，利益に関しても相当な金額が計上されている場合でも，必ずしも資金が順調に循環しているとは限らない。従来の財務諸表では，財政状態や運営状況のみを重視するあまり，運転資金の健全な循環に関しては無頓着であった。

　景気が急速に後退してきたここ10年あまりの間には，貸借対照表や損益計算書では判断できない大手企業の倒産などが相次ぎ，にわかにこのキャッシュ・フロー計算書が注目を集めるようになった。

　キャッシュ・フロー計算書では，期中処理の結果としての損益や財産の有高を示すのではなく，期中においてどのような資金の収支が行われたかを示すことが目的である。

```
                    商 品 勘 定
                ┌─────────────┬─────────────────────┐
 キャッシュ・    │ 期首棚卸高 24,600 │ 売上原価  183,400 →P／L │
 フロー計算書 → │ 当期購入高 189,200│ 期末棚卸高  30,400 →B／S │
                └─────────────┴─────────────────────┘
```

（注）　勘定の内訳

　　　　従来作成していた財務諸表である損益計算書や貸借対照表では，期中取引の結果である売上原価や期末棚卸高に注目していた。しかしキャッシュ・フロー計算書では支払額をクローズアップする。

　損益計算書により運営状況が良好な国立大学法人等であっても，決算時における未回収の債権（未収学生納付金，診療収入）や棚卸資産（未使用

の研究資材，医薬品の在庫）などを多く保有する場合には，資金の循環から考えた場合，必ずしも健全であるという判断をすることはできない。
　このような意味でキャッシュ・フロー計算書を作成することにより，財政状態や運営状況だけではない，別の角度からの財務・経営情報が提供できることになる。

■参　考■
　下記の資料により，損益計算書と貸借対照表を作成して，4月5日の買掛金の支払いが自己資金でできるかどうか検討しなさい（決算年1回，3月31日）。
　2月27日　現金400千円を元手に事業を開始する。
　3月 8日　商品1,000千円を掛けで購入する。代金は月末締めで翌月5日に現金で支払うものとする。
　3月10日　上記商品の内400千円を800千円で掛けにより販売した。代金は月末締めの翌々月の回収とした。
　3月29日　当月分の経費300千円を現金で支払った。

損益計算書

売上原価	400	売上高	800
諸経費	300		
純利益	100		
	800		800

貸借対照表

現　金	100	買掛金	1,000
売掛金	800	資本金	400
商　品	600	純利益	100
	1,500		1,500

◎検　討
　財務諸表上では純利益が100千円計上されているが，現金の残高は100千円だけであり，4月5日の買掛金1,000千円を自己資金で支払うことはで

きない。

　このように従来の財務諸表では，純利益100千円を計上することが重要な課題であった。しかし，これでは資金面での健全性を示すことはできない。

◎期中取引

　2月27日
　　（現　　　　金）　400千円　（資　本　金）　400千円
　3月8日
　　（仕　　　　入）　1,000千円　（買　掛　金）　1,000千円
　3月10日
　　（売　掛　金）　800千円　（売　　　　上）　800千円
　3月29日
　　（諸　経　費）　300千円　（現　　　　金）　300千円

2　キャッシュ・フロー計算書の位置付け

　キャッシュ・フロー計算書は，一会計期間におけるキャッシュ・フローの状況を一定の活動区分別に表示するものであり，貸借対照表及び損益計算書と同様に国立大学法人等の収支活動の全体を対象とする重要な情報を提供するものである。

　このようなキャッシュ・フロー計算書の重要性にかんがみ，企業会計及び独立行政法人会計においては既にキャッシュ・フロー計算書が財務諸表の一つに位置付けられているところである。国立大学法人等においても，キャッシュ・フローの状況についての情報を提供することの重要性に変わりはないため，この計算書を国立大学法人等が作成しなければならない財務諸表に位置付け，文部科学大臣の承認，一般の閲覧や会計監査人の監査

の対象としている。

3 表示区分

1．基本的な区分

キャッシュ・フロー計算書には，一会計期間における業務活動によるキャッシュ・フロー，投資活動によるキャッシュ・フロー及び財務活動によるキャッシュ・フローの三区分を設けなければならない。

（直接法）

	キャッシュ・フロー計算書	
Ⅰ	業務活動によるキャッシュ・フロー	××××
Ⅱ	投資活動によるキャッシュ・フロー	××××
Ⅲ	財務活動によるキャッシュ・フロー	××××
Ⅳ	資金に係わる換算差額	×××
Ⅴ	資金増加額	×××
Ⅵ	資金期首残高	×××
Ⅶ	資金期末残高	××××

（作成様式）

キャッシュ・フロー計算書の作成方法は，一般的に「直接法」と「間接法」の二つがある。国立大学法人等は，国立大学会計基準により「直接法」により作成するものとされている。

企業会計で作成される間接法のキャッシュ・フロー計算書では，税引前当期純利益からその増減計算が開始される点に特徴がある。

企業会計のキャッシュ・フロー計算書では「業務活動」の区分が「営業活動」となっており，その形式を示せば次の通りである。

（間接法）

```
┌─────────────────────────────────────────────┐
│           キャッシュ・フロー計算書           │
│  I   営業活動によるキャッシュ・フロー        │
│        税引前当期純利益         ××××   ←注目
│        減 価 償 却 費           ×××
│              ⋮
│  II  投資活動によるキャッシュ・フロー  ×××
│  III 財務活動によるキャッシュ・フロー  ×××
│  IV  現金及び現金同等物に係る換算差額  ×××
│  V   現金及び現金同等物の増加額        ×××
│  VI  現金及び現金同等物の期首残高      ×××
│  VII 現金及び現金同等物の期末残高      ×××
└─────────────────────────────────────────────┘
```

2．業務活動によるキャッシュ・フロー

　業務活動によるキャッシュ・フローの区分には，国立大学法人等の通常の業務の実施に係る資金の状態を表すため，教育・研究の実施による収入，原材料，商品又はサービスの購入による支出額を記載する。

　国立大学法人等に対して，国から交付される運営費交付金は，大学がその業務を行うことを前提に，その財源として交付される資金である。運営費交付金は，損益計算においても大学の業務の遂行によって最終的に収益計上されるものであるので，その収入額を業務活動によるキャッシュ・フローの区分に表示する。

　また教育・研究の実施による収入等，業務活動に係わる債権・債務から生ずるキャッシュ・フローは，業務活動によるキャッシュ・フローの区分に表示することとする。

《具体的な計上項目》
　(1)　原材料，商品又はサービスの購入による支出
　(2)　人件費支出（教職員及び役員に対する報酬の支出）
　(3)　その他業務支出

chapter 9　キャッシュ・フロー計算書

(4) 運営費交付金収入
(5) 授業料収入，入学金収入，検定料収入，附属病院収入，受託研究等収入，受託事業等収入など教育・研究の実施による収入
(6) 補助金等収入
(7) 補助金等の精算による返還金の支出
(8) 寄附金収入
(9) 国庫納付金の支払額

◆範例 1 ◆

下記の資料を参考にして，解答欄にある「業務活動によるキャッシュ・フローの区分」の表示を完成させなさい。

(資料 1)

比較貸借対照表
(単位：千円)

勘定科目	前期分	当期分	勘定科目	前期分	当期分
⋮			⋮		
棚卸資産	1,000	1,200	未払金	150	180
未収授業料	370	610	未払費用	70	110
前払費用	1,130	1,240			
未収金	220	160			

損益計算書
自　平成○年 4 月 1 日
至　平成△年 3 月31日
(単位：千円)

I　経常費用		I　経常収益	
(1) 教育研究業務費		運営費交付金収益	××××
人件費	254,300	授業料収益	142,500
消耗品費	15,800	受託研究等収益	21,300
保守修繕費	8,900	資産見返寄附金戻入	4,500
支払地代	13,600		
⋮			

(2) 一般管理費

役員給与　　24,400
減価償却費　168,300
その他経費　　3,650

（資料2）

キャッシュ・フロー計算書（業務活動によるキャッシュ・フローの区分）を作成するにあたり，必要な資料は下記の通りである。

1. 貸借対照表の棚卸資産は全て消耗品であり，未払金はこの消耗品を購入するために発生したものである。
2. 当年度の運営費交付金の受入額は327,700千円であった。
3. 未収金は，受託研究に関してのものである。
4. 未払費用は全て給与に関するものである。
5. 前払費用は支払地代に関して発生しているものである。
6. 上記以外の未払い・前払いは考慮する必要はないものとする。
7. 消費税に関しては一切考慮する必要はない。

◎解　答◎

キャッシュ・フロー計算書

自　平成○年4月1日
至　平成△年3月31日　　（単位：千円）

I　業務活動によるキャッシュ・フロー
　原材料，商品又はサービスの購入による支出　　－ 15,970
　人件費支出　　　　　　　　　　　　　　　　　－ 278,660
　その他業務支出　　　　　　　　　　　　　　　－ 26,260
　運営費交付金収入　　　　　　　　　　　　　　　327,700
　授業料収入　　　　　　　　　　　　　　　　　　142,260
　受託研究等収入　　　　　　　　　　　　　　　　 21,360
　　業務活動によるキャッシュ・フロー　　　　　　170,430

chapter 9 キャッシュ・フロー計算書

◎解　説◎
1. **原材料，商品又はサービスの購入による支出**

　損益計算書の消耗品費，貸借対照表の棚卸資産，未払金の金額から，当期における支出額を計算する。

消耗品費の支出額　　　　　（単位：千円）

前期繰越棚卸高	1,000	期首未払金	150
期末未払金	180	次期繰越棚卸高	1,200
当期購入高	(15,970)	当期消耗品費	15,800

2. **人件費支出**

人件費支出　　　　　（単位：千円）

現金支払	(278,660)	期首未払	70
期末未払	110	人件費	254,300
		役員給与	24,400

3. **その他の業務支出**

　保守修繕費　　支払地代　　その他経費
　8,900千円＋13,710千円*＋3,650千円＝26,260千円

　＊　期中支払額の内訳

支払地代

期首前払額	1,130	損益計算書	13,600
期中支払額	(13,710*)	期末前払額	1,240

4. **授業料収入**

　期首と期末に未収の授業料があるので，これを考慮して授業料収入の受入額を求める。

授業料収入　　　　　（単位：千円）

期首未回収	370	期末未回収	610
授業料収益	142,500	当期受入額	(142,260)

5. 受託研究収入

期首と期末に未収分があるので，これを考慮して受託研究収入の受取額を求める。

受託研究収入　　　　　　（単位：千円）

期首未回収	220	期末未回収	160
受託研究等収益	21,300	当期受入額	(21,360)

6. プラス・マイナスの考え方

キャッシュ・フロー計算書は，金銭の収支に関する財務諸表である。そのため消耗品費などのように支出したものはマイナスとし，運営費交付金収入などはプラスとして考えればよい。

3．投資活動によるキャッシュ・フロー

投資活動によるキャッシュ・フローの区分には，固定資産の取得など，将来に向けた大学運営基盤の確立のために行われる投資活動に係る資金の状態を示すため，固定資産の取得及び売却，投資資産の取得及び売却等によるキャッシュ・フローを記載する。

国立大学法人等に対して国又は国立大学財務・経営センターから交付される施設費については，その収入額を投資活動によるキャッシュ・フローの区分に表示する。

《具体的な計上項目》

(1) 有価証券の取得による支出
(2) 有価証券の売却による収入
(3) 有形固定資産及び無形固定資産の取得による支出
(4) 有形固定資産及び無形固定資産の売却による収入
(5) 施設費による収入
(6) 施設費の精算による返還金に支出
(7) 国立大学財務・経営センターへの納付による支出

(8) 金銭出資による支出
(9) 利息及び配当金の受取額

◆範例2◆

下記の資料を参考にして投資活動によるキャッシュ・フローの区分の表示を示しなさい。

(資料1)

比較貸借対照表（一部）　　　（単位：千円）

勘定科目	前期分	当期分	勘定科目	前期分	当期分
︙					
有価証券	231,000	243,000	減価償却累計額	210,000	198,000
備　　品	350,000	365,000	預り施設費	−	−
土　　地	1,450,000	1,550,000	資本剰余金	1,860,000	1,960,000

損益計算書（一部）
自　平成○年4月1日
至　平成△年3月31日　　（単位：千円）

I　経常費用		I　経常収益	
︙		運営費交付金収益	2,570,000
減価償却費	×××	授業料収益	142,500
(2) 一般管理費		受託研究等収益	21,300
︙			
減価償却費	×××		
II　臨時損失		II　臨時利益	
固定資産売却損	1,000	固定資産売却益	500

(資料2)

1. 当年度において施設費100,000千円を受け取り、これにより100,000千円で土地を購入して下記の処理を行っている。

　　（土　　　地）100,000千円　（現　金　預　金）100,000千円
　　（預 り 施 設 費）100,000千円　（資 本 剰 余 金）100,000千円

2. 運営費交付金により備品50,000千円を購入している。

（備　　　品）　50,000千円　（現　金　預　金）　50,000千円
　　（運営費交付金債務）　50,000千円　（資産見返運営費交付金等）　50,000千円
3. 当年度中に老朽化した備品2台を売却して，それぞれ下記の処理を行っている。

　備品A：
　　（現　金　預　金）　2,000千円　（備　　　品）　20,000千円
　　（減価償却累計額）　17,000千円
　　（備　品　売　却　損）　1,000千円
　　（資産見返寄附金）　3,000千円　（資産見返寄附金戻入）　3,000千円
　備品B：
　　（現　金　預　金）　2,000千円　（備　　　品）　15,000千円
　　（減価償却累計額）　13,500千円　（備　品　売　却　益）　500千円
　　（資産見返寄附金）　1,500千円　（資産見返寄附金戻入）　1,500千円
4. 有価証券勘定の増加分は，当年度中に購入した国債12,000千円である。
　　（有　価　証　券）　12,000千円　（現　金　預　金）　12,000千円
5. 消費税に関しては一切考慮する必要はない。

◎解　答◎

キャッシュ・フロー計算書
自　平成○年4月1日
至　平成△年3月31日　　　　（単位：千円）

I　業務活動によるキャッシュ・フロー	
II　投資活動によるキャッシュ・フロー	
有価証券の取得による支出	－ 12,000
有形固定資産の取得による支出	－ 150,000
有形固定資産の売却による収入	4,000
施設費による収入	100,000
投資活動によるキャッシュ・フロー	－ 58,000

◎解　説◎
1. 有価証券の取得による支出

    当年度中に購入した国債12,000千円が，この金額になる。

2. 有形固定資産の取得による支出

    　　土地取得　　備品購入
    100,000千円＋50,000千円＝150,000千円

3. 有形固定資産の売却による収入

    資料の仕訳で示されている通り，A及びBの2台の備品の売却により4,000千円の現金預金の受取りがある。

    　A　備　品　　B　備　品
    2,000千円＋2,000千円＝4,000千円

4．財務活動によるキャッシュ・フロー

　財務活動によるキャッシュ・フローの区分には，増減資による資金の収入・支出，債券の発行・償還，及び資金の借入れ・返済による収入・支出等，資金の調達及び返済によるキャッシュ・フローを記載する。

　国立大学法人は，余裕金の運用先を安全資産に限ってはいるが，外部資金による資産運用などにより利息収入等を見込めることから，利息の表示区分としては，損益の算定に含まれる受取利息及び受取配当金は投資活動のキャッシュ・フローの区分に記載し，支払利息は財務活動によるキャッシュ・フローの区分に記載する。

《具体的な計上項目》
 (1)　短期借入れによる収入
 (2)　短期借入金の返済による支出
 (3)　債券の発行による収入
 (4)　債券の償還による支出

(5) 長期借入れによる収入
(6) 長期借入金の返済による支出
(7) 金銭出資の受入れによる収入
(8) 民間出えん金の受入れによる収入
(9) 利息の支払額*

* 支払利息の計上区分について
　　独立行政法人に関する会計基準では，損益算定に含まれる受取利息及び支払利息はすべて業務活動によるキャッシュ・フローの区分に記載する方法に限定されている。
　　しかし国立大学法人等が，事業年度内において支払う金融機関などへの利息に関しては，キャッシュ・フロー計算書を作成した場合には財務活動によるキャッシュ・フローの区分へ記載するものとする。

利息及び配当金に関する表示区分

独立行政会計基準	勘定科目	国立大学会計基準
業 務 活 動 ←	支 払 利 息 →	財 務 活 動
業 務 活 動 ←	受 取 利 息 →	投 資 活 動

◆範例3◆

下記の資料を参考にして財務活動によるキャッシュ・フローの区分の表示を示しなさい。

（資　料）
1. 期首及び期末の短期借入金残高は次の通りである。
　　(1)　期首借入金　　17,468,000千円
　　(2)　期末借入金　　17,318,000千円
2. 期中において上記借入金765,000千円を返済し，返済に際して34,000千円の利息を支払っている。
3. 短期資金の借入れとして当事業年度中に（各自推算）千円の借入れをしている。また借入時に全借入期間に係わる利息12,400千円を差し引かれて入金した。なお，この利息のうち9,800千円に関しては，

chapter 9　キャッシュ・フロー計算書

翌事業年度に係わるものであり，決算で適切な繰延処理が行われている。
4. 支払利息は，財務活動によるキャッシュ・フローの区分に計上するものとする。

◎解　答◎

<table>
<tr><td colspan="3" align="center">キャッシュ・フロー計算書
自　平成○年4月1日
至　平成△年3月31日　（単位：千円）</td></tr>
<tr><td>Ⅰ</td><td colspan="2">業務活動によるキャッシュ・フロー</td></tr>
<tr><td>Ⅱ</td><td colspan="2">投資活動によるキャッシュ・フロー</td></tr>
<tr><td>Ⅲ</td><td colspan="2">財務活動によるキャッシュ・フロー</td></tr>
<tr><td></td><td>短期借入れによる収入</td><td align="right">615,000</td></tr>
<tr><td></td><td>短期借入金の返済による支出</td><td align="right">- 765,000</td></tr>
<tr><td></td><td>利息の支払額</td><td align="right">- 46,400</td></tr>
<tr><td></td><td>　財務活動によるキャッシュ・フロー</td><td align="right">- 196,400</td></tr>
</table>

◎解　説◎

1. 借入金の増減

<table>
<tr><td colspan="4" align="center">短期借入金勘定</td></tr>
<tr><td>期 中 返 済 額</td><td align="right">765,000</td><td>期 首 残 高</td><td align="right">17,468,000</td></tr>
<tr><td>期 末 残 高</td><td align="right">17,318,000</td><td>期 中 借 入 額</td><td align="right">615,000</td></tr>
</table>

2. 利息の支払額

　　返済に係る分　　借入れに係る分
　　34,000千円　＋　12,400千円　＝46,400千円

5．資金に係わる換算差額

　資金に係わる為替差額は，他の項目と区別して表示することとされている。外貨建資金の為替相場の変動による資金の増減額はキャッシュ・フロー計算書の調整項目である。この金額は，上記の三つの区分とは別に独立した「資金に係る為替差額」として区分表示しなければならない。

6．キャッシュ・フロー計算書の注記事項

　キャッシュ・フロー計算書には，次の注記をしなければならない。

《注記事項》
　① 資金の期末残高の貸借対照表科目別の内訳
　② 重要な非資金取引*
　③ 各表示区分の記載内容を変更した場合には，その内容

　* **重要な非資金取引**
　　i 現物出資の受入れによる資産の取得
　　ii 資産の交換
　　iii ファイナンス・リースによる資産の取得
　　iv ＰＦＩ（政府からの公共施設建設の補助）による資産の取得

◆範例4◆

　下記の資料を参考にしてキャッシュ・フロー計算書を作成しなさい。

（資料1）

損 益 計 算 書
自　平成○年4月1日
至　平成△年3月31日
（単位：千円）

I 経常費用				I 経常収益	
(1) 教育研究業務費				運営交付金収益	12,860
	人　件　費	4,500		授業料収益	6,000
	管理運営費	360		受託研究等収益	1,200
	消耗品費	390		検定料収益	220
	外注委託費	2,600		寄附金収益	90
	研　究　費	4,100		家賃収入	240
	減価償却費	260	12,210	受取利息	280

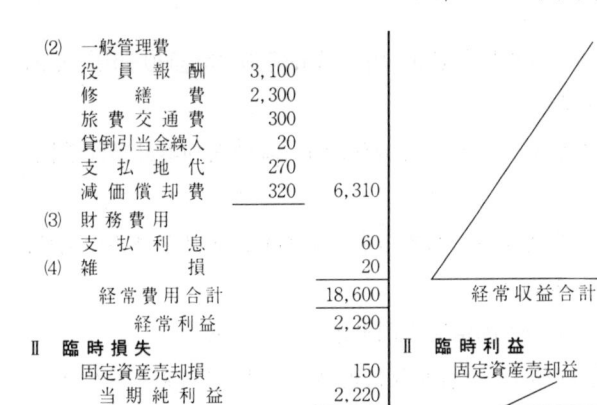

(2) 一般管理費
　　役　員　報　酬　　3,100
　　修　　繕　　費　　2,300
　　旅　費　交　通　費　　300
　　貸倒引当金繰入　　　20
　　支　払　地　代　　　270
　　減　価　償　却　費　　320　　6,310
(3) 財務費用
　　支　払　利　息　　　　60
(4) 雑　　　　損　　　　　20
　　経常費用合計　　　18,600　　　　経常収益合計　　　　20,890
　　　経常利益　　　　　2,290
Ⅱ 臨時損失　　　　　　　　　　　　Ⅱ 臨時利益
　　固定資産売却損　　　150　　　　　固定資産売却益　　　　　80
　　当期純利益　　　　2,220
　　　　　　　　　　　20,970　　　　　　　　　　　　　　　20,970

(資料2)

比較貸借対照表
（単位：千円）

勘定科目	前期分	当期分	勘定科目	前期分	当期分
建　　　　物	19,000	20,170	資産見返運営費交付金	11,500	12,140
減価償却累計額	▲8,600	▲9,130	運営費交付金債務	7,500	9,000
土　　　　地	9,500	12,500	預　り　施　設　費	0	0
現　金　・　預　金	7,000	10,120	短　期　借　入　金	1,000	550
有　価　証　券	3,200	3,250	未　払　金	600	750
未　収　納　入　金	160	200	未　払　費　用	700	680
貸　倒　引　当　金	▲10	▲30	前　受　収　益	220	270
棚　卸　資　産	800	980	資　本　金	8,000	8,000
未　　収　　金	250	330	剰　余　金	1,780	7,000
計	31,300	38,390	計	31,300	38,390

(資料3)

1. 当年度の運営費交付金，施設費の交付額は，15,000千円，3,000千円である。この金額で運営費交付金から建物1,500千円を施設費から土地3,000千円を取得した。
2. 事業年度中に，運営費交付金で取得した下記の建物の処分があった。

(1) 研究用建物，取得原価150千円（減価償却累計額20千円）を210千円で売却した。
(2) 老朽化した倉庫，取得原価180千円（減価償却累計額30千円）を除却した。
3．棚卸資産は全て消耗品に関するものであり，未払金はこの消耗品に関するものである。
4．事業年度中に短期の国債50千円を購入している。
5．短期借入金900千円を返済期限に返済し，新たに450千円を借り入れている。
6．未収金は，受託研究等収益に関して発生しているものである。
7．未収納入金は，授業料収益の未納に関するものである。
8．前受収益は受取利息に関するものである。
9．未払費用は職員に関する人件費に関するものである。
10．運営費交付金収益12,860千円の中には，建物減価償却費に相当する580千円と売却，除却に伴う建物の未償却残高分の戻入れ280千円を含んでいる。

◎解　答◎

	キャッシュ・フロー計算書	
	自　平成○年4月1日	
	至　平成△年3月31日	（単位：千円）
I	業務活動によるキャッシュ・フロー	
	原材料，商品又はサービスの購入による支出	－　　420
	人件費支出	－　7,620
	その他業務支出	－　9,950
	運営費交付金収入	15,000
	授業料収入	5,960
	受託研究等収入	1,120
	検定料収入	220

寄附金収入		90
家賃収入		240
業務活動によるキャッシュ・フロー		4,640
Ⅱ 投資活動によるキャッシュ・フロー		
有価証券の取得による支出	−	50
有形固定資産の取得による支出	−	4,500
有形固定資産の売却による収入		210
施設費による収入		3,000
利息の受取額		330
投資活動によるキャッシュ・フロー	−	1,010
Ⅲ 財務活動によるキャッシュ・フロー		
短期借入れによる収入		450
短期借入金の返済による支出	−	900
利息の支払額	−	60
財務活動によるキャッシュ・フロー	−	510
Ⅳ 資金に係わる換算差額		
Ⅴ 資金増加額		3,120
Ⅵ 資金期首残高		7,000
Ⅶ 資金期末残高		10,120

◎解　説◎

1. 原材料，商品又はサービスの購入による支出

損益計算書の消耗品費，貸借対照表の棚卸資産，未払金の金額から，当期における支出額を計算する。

消耗品（棚卸資産）の支出額　　（単位：千円）

前期繰越棚卸高	800	期首未払金	600
期末未払金	750	次期繰越棚卸高	980
当期購入高	(　420)	当期消耗品費	390

2. **人件費支出**

人件費支出			(単位：千円)
現 金 支 払	(7,620)	期 首 未 払	700
期 末 未 払	680	人 件 費	4,500
		役 員 報 酬	3,100

3. **その他の業務支出**

　　管理運営費　外注委託費　　研究費　　　修繕費　　旅費交通費　雑　損
　　360千円＋2,600千円＋4,100千円＋2,300千円＋300千円＋20千円

　　支払地代
　　＋270千円＝9,950千円

4. **授業料収入**

　　期首と期末に未収の授業料があるので，これを考慮して授業料収入の受入額を求める。

授業料収入			(単位：千円)
期 首 未 回 収	160	期 末 未 回 収	200
授 業 料 収 益	6,000	当 期 受 入 額	(5,960)

5. **受託研究収入**

　　期首と期末に未収分があるので，これを考慮して受託研究収益の受入額を求める。

受託研究等収入			(単位：千円)
期 首 未 回 収	250	期 末 未 回 収	330
受託研究等収益	1,200	当 期 受 入 額	(1,120)

6. **有形固定資産の取得**

　　　建　物　　　土　地
　　1,500千円＋3,000千円＝4,500千円

7. 借入金の増減

短期借入金勘定		（単位：千円）	
期 中 返 済 額	（　　900）	期 首 残 高	1,000
期 末 残 高	550	期 中 借 入 額	（　　450）

8. 利息の受取額

受取利息勘定		（単位：千円）	
期 末 前 受 額	270	期 首 前 受 額	220
損益計算書計上額	280	期 中 受 入 額	（　　330）

Chapter 10 利益の処分に関する書類

1 この計算書の機能

1. 一般企業の利益処分計算書

　一般の企業では，その経営努力により計上された利益は，基本的に出資者である株主に帰属する。通常この利益は，未処分利益と呼ばれ定時株主総会においてその処分が確定する。

　これらは，株主への配当金，役員に対する功労金としての賞与，また利益を留保する目的で積立金としてその一部が会社にプールされる。また処分がされなかった利益は，翌期へ繰り越される。

　この，利益処分に際しては，株主への配当額が最大の支出処分項目である。そこで，必要以上の配当を行うことにより，会社の債権者（銀行等）の権利を害さないようにするために，商法では配当金額に関する制限を設けている。

　また利益処分により配当金や役員賞与の支出による金銭の流出が発生するため，商法では一定の金額を限度として未処分利益の一部を利益準備金と呼ばれる剰余金として社内に留保しておくことを強制している。

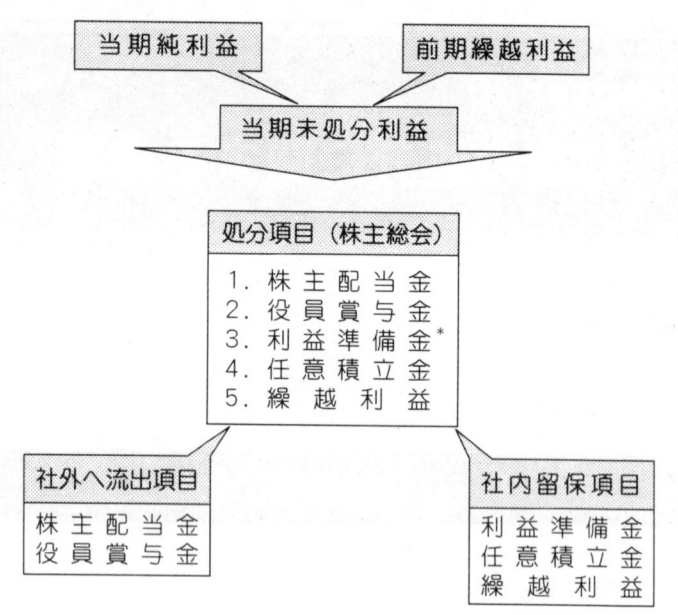

```
   ┌─────────┐        ┌──────────┐
   │当期純利益│        │前期繰越利益│
   └────┬────┘        └─────┬────┘
        └──────┬─────────────┘
          ┌────▼────────┐
          │当期未処分利益│
          └────┬────────┘
               ▼
     ┌──────────────────────┐
     │処分項目（株主総会）   │
     │ 1. 株 主 配 当 金     │
     │ 2. 役 員 賞 与 金     │
     │ 3. 利 益 準 備 金 *   │
     │ 4. 任 意 積 立 金     │
     │ 5. 繰 越 利 益        │
     └──────────────────────┘
```

```
┌─────────────┐      ┌─────────────┐
│社外へ流出項目│      │社内留保項目 │
│ 株主配当金  │      │ 利益準備金  │
│ 役員賞与金  │      │ 任意積立金  │
│             │      │ 繰越利益    │
└─────────────┘      └─────────────┘
```

* **利益準備金**

　商法の定めにより，株主への金銭配当，役員賞与が行われた場合においてその10分の1の金額を一定の金額まで積み立てることが，強制されている準備金である。

　この準備金は，会社が欠損を計上した場合の補填か，資本組入れなどに用いることができる。

2. 国立大学法人等の利益

　国立大学法人等の利益は，一般の企業の利益と異なり，分配が行われるわけではない。その全ては，国に帰属する。

　国立大学法人等は，中期計画を一期間として，この期間の業務内容が，評価委員会により評価されることとなっている。このために，会計年度ではなく中期計画を一期間として，この期間で計上された利益を中期計画期間の最後に精算する。

　このときに文部科学大臣により承認を受けて，この利益を次の中期計画期間の財源として繰り越すか，あるいは国庫へ返納することになる。

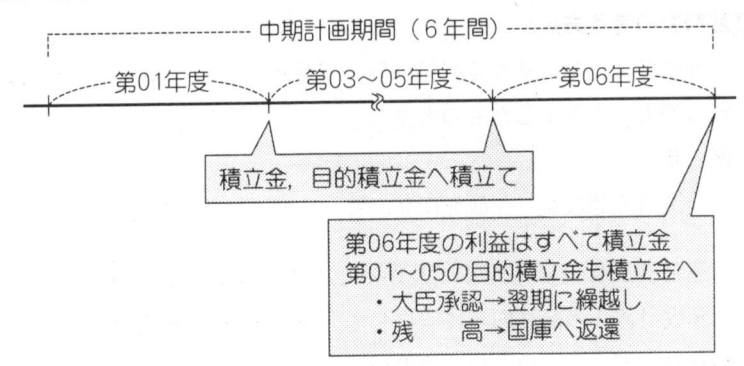

chapter 10 利益の処分に関する書類

【図　解】

```
|-------------- 中期計画期間（6年間）--------------|
|-- 第01年度 --|-- 第03～05年度 --|-- 第06年度 --|
```

積立金，目的積立金へ積立て

第06年度の利益はすべて積立金
第01～05の目的積立金も積立金へ
・大臣承認→翌期に繰越し
・残　　高→国庫へ返還

（注）　積立金の区別について
　① 　目的積立金
　　　国立大学法人等の経営努力により生じた額については，文部科学大臣の承認を受けて，中期計画に定める剰余金の使途に充てることができる。
　② 　積　立　金
　　　国立大学法人等の経営努力により生じたと認定されなかった額については，積立金として積み立てなければならない。

2　利益の処分に関する書類

1．経営努力により生じた利益

　国立大学法人等の作成する「利益の処分に関する書類」は，企業会計における利益処分計算書とその本質が若干異なる。というのは，いわゆる計上された利益がどのような意味を持つかによるためである。企業会計であれば，会社全体の収益獲得活動による経営努力により，利益が計上される。しかし，国立大学法人等は，その運営上，利益は生まれにくい構造がある。
　国立大学法人等の経営努力という概念は，次のような考え方によるもの

である。

《経営努力の考え方》

1　運営費交付金に基づく収益以外の収益から生じた利益については，経営努力により生じたものとする。

・例　示

　　受託研究等収益 － 研究開発経費 ＝ 利　益（経営努力）

2　運営費交付金に基づく収益から生じた利益については，中期計画（年度計画）の記載内容に照らして，運営費交付金により行うべき業務を効率的に行ったために費用が減少し，その結果発生したものについては，原則として経営努力によるものとする。

・例　示

　　運営費交付金1,000千円のうち，700千円を使用した。なお，その進行度合は80％である。成果進行型で収益を計上する。

　　　進行度合による収益　　　発生費用
　　　1,000千円 × 80％ － 700千円 ＝100千円（経営努力）

2．大学法人の利益の流れ

　国立大学法人等に計上される利益は，次のような流れにより取り扱われる。

(1)　第　一　段　階

　国立大学法人等が計上した当期総利益がある場合に，前期から繰り越された損失がある場合は，まずこの当期総利益と前期繰越欠損金を相殺する。当期総利益により前期繰越欠損金を補填しきれない場合は，この損失を再度翌期に繰り越すことになる。

　また前期繰越欠損金が，当期総利益で補填できた場合は，この金額を第二段階で取り扱う。

chapter 10 利益の処分に関する書類

```
                            →利益：積み立てる
当期総利益 ± 前期繰越欠損失
                            →損失：翌期に損失を繰り越す
```

◆範例1◆

下記の資料を参考にして，当期総利益14,200千円が計上された場合に，(1)前期繰越損失3,900千円がある場合，(2)前期繰越損失15,700千円がある場合のそれぞれの処理を示しなさい。

（資　料）

	損　益　勘　定		（単位：千円）
3/31 職員給料	×××	3/31 運営費交付金収益	×××
︙			
3/31 未処分利益	14,200		
	×××		×××

◎解　答◎

1．（損　　　益）　14,200千円　（未処分利益）　14,200千円
　　（未処分利益）　 3,900千円　（前期繰越欠損金） 3,900千円
2．（損　　　益）　14,200千円　（未処分利益）　14,200千円
　　（未処分利益）　14,200千円　（前期繰越欠損金） 14,200千円

◎参　考◎

▷1．前期繰越損失3,900千円の場合

	未処分利益勘定		（単位：千円）
3/31 前期繰越欠損金	3,900	3/31 損　　益	14,200
3/31 次期繰越	10,300		
	14,200		14,200

▷ 2．前期繰越損失15,700千円の場合

未処分利益勘定　　　　　（単位：千円）

3/31	前期繰越欠損金	14,200	3/31	損　　　　益	14,200

前期繰越欠損金勘定　　　　（単位：千円）

3/31	前　期　繰　越	15,700	3/31	未　処　分　利　益	14,200
			3/31	次　期　繰　越	1,500*
		15,700			15,700

＊　前期からの繰越欠損金は，その全額が補塡されず，1,500千円は翌期に繰り越される。

(2)　第 二 段 階

　前期繰越欠損金を補塡した残額である当期総利益は，この金額が経営努力によるものであるかどうかにより，経営努力と認められれば目的積立金に，経営努力でないと認められなければ積立金として取り扱う。

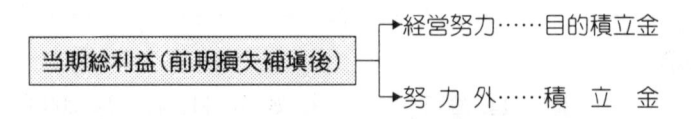

当期総利益（前期損失補塡後）　→経営努力……目的積立金
　　　　　　　　　　　　　　　→努力外……積　立　金

◆範例2◆

　下記の資料を参考にして，未処分利益12,000千円に関する仕訳を示しなさい。

（資　料）

1．未処分利益のうち一部は，文部科学省より当大学の経営努力によるものとして認められたので，中期計画に定める下記目的のために，その一部を目的積立金として積み立てた。
　　(1)　施設拡張積立金　　　4,500千円
　　(2)　研究設備準備積立金　　5,500千円
2．残金2,000千円を積立金として積み立てることとする。

chapter 10　利益の処分に関する書類

◎解　答◎
1．（未 処 分 利 益）　10,000千円　　（目 的 積 立 金）　10,000千円
2．（未 処 分 利 益）　 2,000千円　　（積　　立　　金）　 2,000千円

(3) 第三段階

　6年間の中期計画期間が，完了する際に目的積立金，積立金の全てを一括して検討する。この際に中期計画の目標が達成されていない場合は，文部科学大臣の承認を得て，次の中期計画期間へ目的積立金を繰り越すことができる。

　イ）　積立金が次の中期計画期間へ繰り越される場合

　　　　（積　　立　　金）　×××　　（前中期目標期間繰越積立金）　×××

中期計画期間が完了する際の目的積立金等は，次のようになる。

① 中期計画第6期分の当期総利益 ② 前中期計画の繰越目的積立金 ③ 中期計画期間の目的積立金 ④ 中期計画期間の積立金	⇒	次期中期計画へ繰越し（大臣承認）
		残額は，国庫へ返還

　ロ）　積立金が国に返還される場合
　　　　（積　　立　　金）　×××　　（現 金 ・ 預 金）　×××

(4) 第四段階

　中期計画期間内で，目的積立金の使途による支出が行われた場合，この使途が固定資産（不動産）の取得である場合は，取得金額相当の目的積立金を資本剰余金勘定へ振り替えるものとする。

《会計処理》
　　　（土　　　　　地）　×××　　（現 金 ・ 預 金）　×××
　　　（目 的 積 立 金）　×××　　（資 本 剰 余 金）　×××

3．積立金の使途について

各会計期間で積み立てられた目的積立金及び積立金は，次のような用途に使用される。

(1) 目的積立金

目的積立金は中期計画に基づき，一定の目的のために大学が当期総利益を積み立てたものである。

この目的積立金は，中期計画による一定目的があるものであるから，文部科学大臣の承認があれば，どのような目的であってもその使用が認められるというものではなく，合理的と認める用途に使用されるものでなければならない。

中期計画期間内に損失が計上された場合には，残念ながらこの目的積立金をもってその補塡が行われることも考えられる。

(2) 積　立　金

中期計画期間が満了する際に，積み立てられた金額のうち，文部科学大臣の承認を受けた金額であれば，次の中期計画目標期間に繰り越すことができる。また，その残額については，国庫に返還されることになる。

中期計画期間内に損失が計上された場合には，目的積立金と同様に積立金をもってその補塡が行われることもある。

（注）　積立金が取り崩される場合

国立大学法人等が積み立てた積立金が取り崩される場合には，下記の処理が行われる。

（工具器具備品）　×××　（現　　　金）　×××
（目　的　積　立　金）　×××　（目的積立金取崩額）　×××＊

＊　損益計算書の表示

中期計画範囲内の固定資産の取得であっても，これが特定の償却資産に該当しない場合には，目的積立金を資本剰余金へ振り替えるのではなく，目的積立金取崩額勘定で処理する。

この積立金取崩額勘定は，損益計算書の当期純利益の下で表示され，

当期純利益の金額に加算され，当期総利益を構成する。

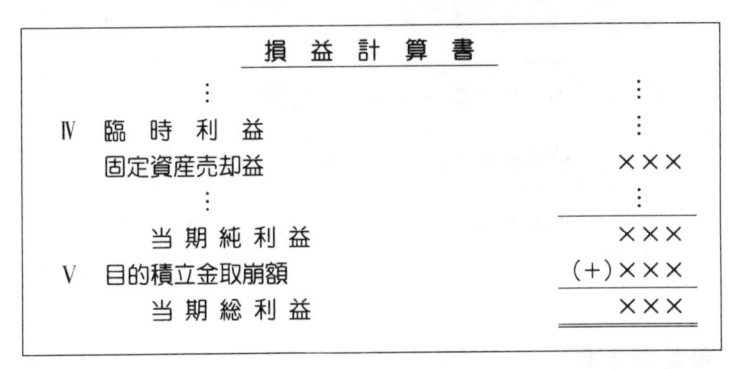

```
             損 益 計 算 書
                ：                    ：
  Ⅳ  臨 時 利 益                      ：
       固定資産売却益                 ×××
                ：                    ：
          当 期 純 利 益              ×××
  Ⅴ  目的積立金取崩額              (+)×××
          当 期 総 利 益              ×××
```

4．損失が計上された場合

　欠損金が計上される場合に，当期総利益が計上されても前期からの繰越欠損金が大きいためにその補塡ができない場合（パターン1），当期も損失が計上されており，前期からも欠損金が繰り越されている場合（パターン2）が考えられる。

> パターン1：前期繰越欠損金－当期総利益＝当期未処理損失
> パターン2：前期繰越欠損金＋当期総損失＝当期未処理損失

　この未処理損失は，過去における利益剰余金である積立金，及び目的積立金により補塡される。これにより補塡されない未処理損失は，翌期に繰越欠損金として繰り越されることになる。

> 当期未処理損失－（積立金＋目的積立金）＝次期繰越欠損金

　資本金と資本剰余金は，政府から提供された拠出資本であり，基本的には欠損金の補塡などで使用することはできない。

```
┌─────────────────────────┐
│  ┌───────────────────┐  │
│  │  ┌─────────────┐  │  │──── 維持されるべき元本
│  │  │  資 本 金   │  │  │
│  │  └─────────────┘  │  │
│  │    資本剰余金     │  │
│  └───────────────────┘  │
│       利益剰余金        │──── 欠損金の補填に充てる
└─────────────────────────┘
```

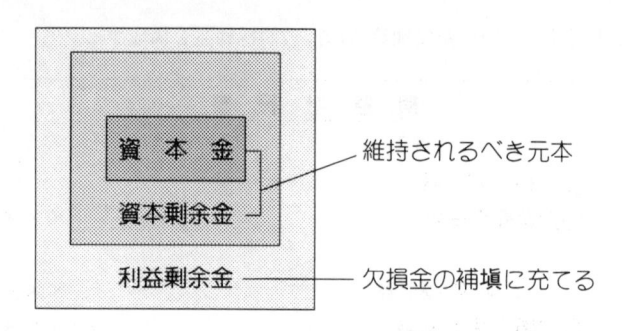

◆範例3◆

前期からの繰越欠損金4,500千円が計上されていることを前提に，下記の設問に示す当期総利益または当期総損失が計上された場合の会計処理を示しなさい。

また各設問につき積立金1,300千円で未処理損失を補塡する仕訳も同時に示しなさい。

設問1 当期総利益が3,200千円計上された場合
設問2 当期総損失が1,800千円計上された場合

◎解　答◎

設問1

（損　　　益） 3,200千円	（前期繰越欠損金）	4,500千円
（未 処 理 損 失） 1,300千円		
（積　立　金） 1,300千円	（未 処 理 損 失）	1,300千円

設問2

（未 処 理 損 失） 6,300千円	（損　　　益）	1,800千円
	（前期繰越欠損金）	4,500千円
（積　立　金） 1,300千円	（未 処 理 損 失）	6,300千円
（前期繰越欠損金） 5,000千円		

5．計算書の雛型

　利益の処分（損失の処理）に関する計算書の雛型を示せば次の通りである。上段部分で処分することができる利益総額の内容を示し，下段部分で積立金などその処分（補填）額が示されることになる。

```
　　　　　　　　　利益の処分に関する書類
　　　　　　　　　　平成○年○月○日現在　　　　（単位：千円）
　Ⅰ　当期未処分利益　　　　　　　　　　　　　　　　　×××
　　　　当　期　総　利　益　　　　　　　　×××
　　　　前期繰越欠損金　　　　　×××
　Ⅱ　利　益　処　分　額
　　　　積　　立　　金　　　　　　　　　　　×××
　　　　文部科学大臣の承認額
　　　　　　○○積立金　　　×××
　　　　　　△△積立金　　　×××　　　×××　　　×××
```

```
　　　　　　　　　損失の処理に関する書類
　　　　　　　　　　平成○年○月○日現在　　　　（単位：千円）
　Ⅰ　当期未処理損失　　　　　　　　　　　　　　　　　×××
　　　　当　期　総　損　失　　　　　×××
　　　　（当　期　総　利　益）　　　　　　　　（×××）
　　　　前期繰越欠損金　　　　　×××
　Ⅱ　損　失　処　理　額
　　　　○○積立金取崩額　　×××
　　　　　　　　：
　　　　積立金取崩額　　　×××　　　　　　　　×××
　Ⅲ　次期繰越欠損金　　　　　　　　　　　　　　　×××
```

◆範例4◆

　当会計期間において計上された利益，及び前期からの欠損金は下記の通りである。よって，利益の処分に関する書類を作成しなさい。

（資　料）
1．当事業年度における総利益　34,800千円
2．前期からの繰越欠損金　　　2,580千円
3．中期計画で定める目的積立金への充当
　(1)　大学提携準備積立金　　14,000千円
　(2)　記念館建設積立金　　　16,800千円
4．積立金としての留保額　　　1,420千円
5．残額は積立金とする。

◎解　答◎

	利益の処分に関する書類			
	平成〇年4月20日現在		（単位：千円）	
Ⅰ	当期未処分利益			32,220
	当 期 総 利 益		34,800	
	前期繰越欠損金	2,580		
Ⅱ	利 益 処 分 額			
	積　　立　　金		1,420	
	文部科学大臣の承認額			
	大学提携準備積立金	14,000		
	記念館建設積立金	16,800	30,800	32,220

Chapter 11
業務実施コスト計算書

1 この計算書の意義

　国立大学法人等業務実施コスト計算書は，企業会計にはない決算書である。この計算書は国立大学法人等の業務運営に関して国民が負担するコストを集約し，情報公開の徹底を図り，納税者である国民の行政サービスに対する評価や判断に資するための書類である。

　国立大学法人等の損益計算書は法人の運営状況を表示する書類であり，ここに計上される損益は，法人の業績を示す損益であって必ずしも納税者が行っている税負担とは一致しない。

損益計算書とコスト計算書の比較

内　訳	目　的	計上項目の意義
損益計算書	大学の運営状況の明示	結果としての収益・費用
コスト計算書	国民負担の説明	税金で負担しているもの

（参　考）
　損益計算書では，国立大学法人等の運営状況を大学の裁量（判断）により計上できた損益と経営努力により計上することができた損益の両方を記載すること

により作成される。評価委員会では，中期計画内のこれらの金額を参考にして各大学の運営状況の評価を行う。

　しかし，損益計算書の中には費用や収益として国民が負担しているものが全て計上されているわけではない。損益計算書には計上されない国民が負担しているコストを集計したものが業務実施コスト計算書である。

2　計上されるコスト

　国立大学法人会計基準では，国立大学法人等業務実施コスト計算書に計上するコストは下記の項目に限定している。

《行政サービス・コストの具体例》
(1) 国立大学法人等の損益計算書上の費用から運営費交付金及び国又は地方公共団体からの補助金等に基づく収益以外の収益を控除した額

　(注)　具体的な内訳

　　　業務費と一般管理費のうち，受託研究等収益などの自己努力による部分以外は，運営費交付金が負担していることになる。この部分を業務実施コスト計算書に計上することになる。

業務実施コスト計算書

業務費 一般管理費	充　　当 ←	受託研究収益
	コスト計算書計上額	運営費交付金収益

　(注)　控除すべき収益

　　　損益計算上の費用から控除すべき収益は，国民負担に帰せられない自己収入に限られる必要があり，例えば，次のような収益は控除すべき収益には含まれない。

　　① 特殊法人又は他の独立行政法人等から交付される補助金又は助成金

等に係る収益のうち，当該交付法人が国又は地方公共団体から交付された補助金等を財源とするもの
　② 国からの現物出資が，消費税の課税仕入とみなされることによって生じた還付消費税に係る収益
　③ 財源措置予定額収益
(2) 国からの現物出資，施設費又は目的積立金で購入した固定資産（特定の償却資産）に係わる損益外減価償却累計額
(3) 退職給付に充てる財源が，中期計画等で明らかにされている場合の支給見込額の当年度の増加分
(4) 国又は地方公共団体の資産を利用することから生ずる機会費用
　① 国又は地方公共団体の財産の無償使用などから生ずる機会費用
　② 政府出資等から生ずる機会費用
　③ 国又は地方公共団体からの無利子又は通常よりも有利な条件による融資取引から生ずる機会費用

1．運営費交付金の増減

　国立大学法人等に交付される運営費交付金は，その金額が増減すれば，大学の損益のプラス・マイナスの要素になる。しかし，運営費交付金が増加すれば，これは間違いなく国民の負担が増加したことになる。

　運営費交付金の増加 → 大学損益はプラス → 国民負担は増加

2．損益計算外の機会費用等

　国立大学法人等には損益計算書を通じない特定の償却資産の減価償却相当額，引当金を計上しない退職手当増加見積額，国有財産や国の出資等を利用することから生じる機会費用などがある。これらは，国立大学法人等の損益計算書には計上されないが，広い意味で最終的に国民の負担に帰すべきコストでもある。

《損益計算外の項目》
(1) 減 価 償 却

　　国から現物出資を受けた資産や施設費で取得した資産の減価償却費は，次のような処理が行われており，借方には費用ではなく資本剰余金（マイナス）が計上されている。

（損　益　外）
（減価償却累計額）　×××　　（減価償却累計額）　×××
－資本剰余金－

(2) 退職手当増加見積

　　退職給付に充てる財源が，中期計画等で明らかにされている場合は，その金額に相当する額は，退職給付に引当計上しない。中期計画で明示されている退職給付は，支払時に現金主義で退職手当勘定に計上される。

　　しかし，この金額は国民が負担していることは事実であり，この金額は行政サービス実施コスト計算書に計上する必要がある。

当年度末支払見込額 － 前年度末支払見込額 ＝ コスト計算書計上額
　－中期計画分－　　　　－同　　　左－

(3) 機 会 費 用

　　国立大学法人等が国有財産の不動産等を無償で使用している事実がある場合は，支払地代等の経済的利益の供与を受けていることになる。また，政府からの不動産等による現物出資等は配当などを前提にしない資本提供を受けていると考えることができる。これらは機会費用として，公正な評価額を計算しなければならない。

不動産の機会費用* ＝ 無償使用不動産の相続税評価額 × 利回り

　　＊　計算方法……これ以外にも近隣の土地の賃貸料などを参考にする方法もある。

> 政府出資の機会費用 ＝ 前期・当期資本の平均額 × 国債利回り

■参　考■

　国立大学法人等に，固定資産等が現物出資されて，これを国立大学が無償で使用しているということは，国民から考えた場合には，一定の資本提供が，毎年国立大学法人等に行われていることになる。

　　　（元本部分）　　　　　　　　　　（元本部分）
　　┌─────────┐　　無償　　┌─────────┐
　　│国民が負担して│　　⇒　　│国立大学法人│
　　│いる税金の額 │　　　　　│資　本　金　│
　　└─────────┘　　　　　　└─────────┘

　さらに，国立大学法人等の資本に相当する金額からは，毎年果実が発生するはずである。この資本が無償提供されているのであれば，一定の果実（利益）を認識する必要がある。

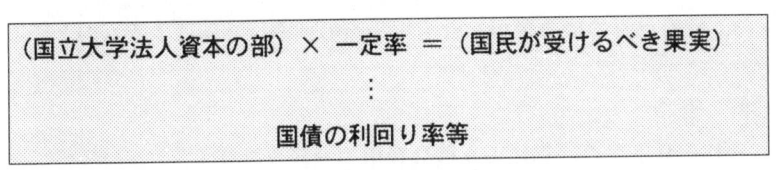

> （国立大学法人資本の部）× 一定率 ＝（国民が受けるべき果実）
> 　　　　　　　　　　　　　⋮
> 　　　　　　　　　国債の利回り率等

　この政府出資の機会費用とは，国立大学法人等の資本部分が，毎年いかほどの果実（利益）を生み出しているのか，その果実分を国民が負担しているのかを示そうという趣旨によるものである。この投下した元本の果実の金額をコスト計算書で示そうとしたものである。

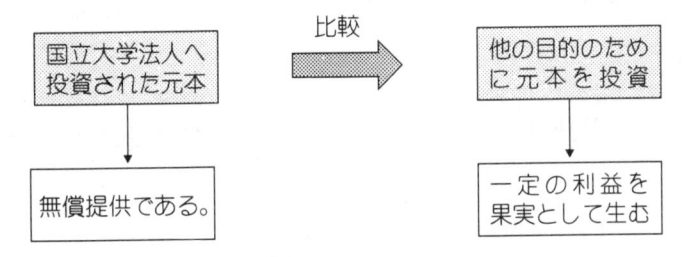

　　┌─────────┐　比較　┌─────────┐
　　│国立大学法人へ│　⇒　│他の目的のため│
　　│投資された元本│　　　│に元本を投資　│
　　└─────────┘　　　　└─────────┘
　　　　　↓　　　　　　　　　　　　↓
　　┌─────────┐　　　　┌─────────┐
　　│無償提供である。│　　　│一定の利益を　│
　　└─────────┘　　　　│果実として生む│
　　　　　　　　　　　　　　└─────────┘

◆範例1◆

下記の資料を参考にして機会費用を計算しなさい。

（資　料）
1. 研究施設の建物がある土地は，事情により国有財産を無償で使用しているものである。この土地は200坪であり，近隣の類似する土地の地代は，年額@12,000円／坪である。
2. 前期末と当期末の資本金（政府出資金）は2,000,000千円である。資本剰余金の前期末と当期末の金額（損益外減価償却累計額控除前の金額），損益外減価償却累計額として表示されている金額はそれぞれ次に示す通りである。

内　訳	資本剰余金合計	損益外減価償却累計額
前　期　末：	760,000千円	10,000千円
当　期　末：	770,000千円	14,000千円

3. 政府出資の機会費用を計上する際の利率は2％によるものとする。

◎解　答◎

それぞれ下記の計算により機会費用の金額を計算する。

1. 不動産の機会費用

　　@12,000円 × 200坪 ＝ 2,400千円

2. 政府出資の機会費用

　　政府出資等の金額は，前期末と当期末の資本等の金額から損益外減価償却累計額を控除した平均の金額を国債利回りで除した金額によるものとする。

$$\frac{(\underset{\text{前期末資本剰余金}}{2,760,000\text{千円}} - \underset{\text{損益外減価償却累計額}}{10,000\text{千円}}) + (\underset{\text{当期末資本剰余金}}{2,770,000\text{千円}} - \underset{\text{損益外減価償却累計額}}{14,000\text{千円}})}{2}$$

　　(＝2,753,000千円) × $\underset{\text{国債利回り}}{2\%}$ ＝55,060千円

3 計算書の雛型

国立大学法人業務実施コスト計算書は，コストの発生原因ごとに，業務費用，損益外減価償却相当額，引当外退職手当増加見積額，機会費用に区分して表示しなければならない。

業務費用は，損益計算書における費用相当額を計上し，さらにこれより運営費交付金に基づく収益以外の収益を差し引いて業務費用を計上する。

機会費用は，国有財産の無償使用から生ずるものと，政府出資等から生ずるものとを区別して表示する。

```
            国立大学法人等業務実施コスト計算書
                  自　平成○年4月1日
                  至　平成△年3月31日        （単位：千円）
Ⅰ　業　務　費　用                                   ××××
  (1) 損益計算書上の費用
        教育研究業務費            ×××
        一　般　管　理　費        ×××      ×××
  (2) 控　除（自己収入等）
        授　業　料　収　益       −×××
        受　託　業　務　収　益   −×××
        財　務　収　益           −×××     −×××
Ⅱ　損益外減価償却相当額                              ××××
Ⅲ　引当外退職給付増加見積額                          ××××
Ⅳ　機　会　費　用
        国有財産無償使用の機会費用  ×××
        政府出資等の機会費用        ×××       ××××
Ⅴ　国立大学法人等業務実施コスト                      ××××
```

4 国立大学法人等業務実施コスト計算書の注記事項

　国立大学法人等業務実施コスト計算書には，次の事項を注記しなければならない。

1．国有財産無償使用の機会費用

　国有財産の無償使用を行っている場合は，その地代等に相当する金額を近隣の地代や賃貸料等を参考にして機会費用として計算し，これを注記する。

例

> （重要な会計方針）
> 　当校では，山林の資源研究のため国有林400,000㎡を国より無償で借り受けている。この国有林の地代は近隣の山林の地代を参考にして計算している。

2．政府出資等の機会費用

　政府出資等の機会費用があれば，資本剰余金相当額も含めた政府出資等の金額に一定の利率を乗じて計算する。
　この一定率は，国債の利回り等を参考にしつつ，簡明な数値を用いることとし，行政サービス実施コスト計算書に注記する。

◆**範例2**◆

下記の資料を参考にして国立大学法人等業務実施コスト計算書を作成しなさい。

(資料1)

当期における損益計算書は，次に示す通りである。ただし，関係する部分以外は省略してある。

損 益 計 算 書
自　平成○年4月1日
至　平成△年3月31日　　　　　(単位：千円)

I　経常費用		I　経常収益	
教　育　経　費	2,120,000	運営費交付金収益	5,453,000
研　究　経　費	1,495,000	授　業　料　収　益	138,000
一　般　管　理　費	3,146,000	研　究　受　託　収　益	214,000
		財　務　収　益	22,000

(資料2)

当期末における貸借対照表(資本の部)は次に示す通りである。

貸 借 対 照 表
平成△年3月31日現在　　　(単位：千円)

	《負　債　の　部》
	I　固定負債
	⋮
	《資　本　の　部》
	I　資本金
	政　府　出　資　金　　300,000
	II　資本剰余金
	資　本　剰　余　金　　50,000
	損益外減価償却累計額　△27,000

（注意事項）

　当校の前年度の政府出資金は当年度と同額であったが，前年度末に貸借対照表に計上されていた資本剰余金の額は48,000千円であった。

（資料3）

　その他の参考事項は次の通りである。

1．現物出資，及び施設費で取得した固定資産に関して下記の通り減価償却費を計上している。

　　$\binom{損\ 益\ 外}{減価償却累計額}$　3,000千円　（減価償却累計額）　3,000千円

2．引当外退職手当の前期末，当期末の見積額は次の通りである。
　　(1)　前期末引当外退職手当金　　16,500千円
　　(2)　当期末引当金退職手当金　　18,100千円

3．研究開発のための土地1,000坪を国から無償で借り受けている。この施設に隣接する土地の地代は年間で1坪当たり@50千円である。

4．政府出資の機会費用を計算する際の利率は国債の利回り2％によるものとする。

◎解　答◎

国立大学法人等業務実施コスト計算書			
自　平成○年4月1日			
至　平成△年3月31日			（単位：千円）
I　業　務　費　用			6,387,000
損益計算書上の費用			
教育研究業務費	3,615,000		
一　般　管　理　費	3,146,000	6,761,000	
（控　除）			
授　業　料　収　益	−138,000		
研　究　受　託　収　益	−214,000		
財　務　収　益	−22,000	−374,000	
II　損益外減価償却相当額			3,000

chapter 11　業務実施コスト計算書

Ⅲ	引当外退職給付増加見積額		1,600
Ⅳ	機　会　費　用		
	国有財産無償使用の機会費用	50,000	
	政府出資等の機会費用	6,470	56,470
Ⅴ	国立大学法人業務実施コスト		6,448,070

（重要な会計方針）

　　行政サービス実施コスト計算書における機会費用の計上基準に関して
① 　国有財産無償使用の機会費用の計算に際しては，近隣の土地の地代を参考にして計算している。
② 　政府出資等の機会費用の計算に使用した利率は，国債利回りを参考にして2％により計算している。

◎解　説◎

教育研究業務費：2,120,000千円　＋　1,495,000千円　＝　3,615,000千円

引当外退職手当増加見積額：18,100千円　－　16,500千円　＝　1,600千円

国有財産無償使用の機会費用：1,000坪　×　＠50千円　＝　50,000千円
政府出資等の機会費用：
　① 　前期政府出資等の金額
　　　300,000千円　＋　48,000千円　－　24,000千円＊　＝　324,000千円
　　　＊　損益外減価償却相当額：27,000千円　－　3,000千円　＝　24,000千円
　② 　当期政府出資等の金額
　　　300,000千円　＋　50,000千円　－　27,000千円　＝　323,000千円
　③ 　機　会　費　用
　　　$\dfrac{324,000千円＋323,000千円}{2}$ × 2％ ＝ 6,470千円

Chapter 12 附属明細書の作成

1 作成の必要性

　国立大学法人等は，その財政状態などを財務諸表を作成することにより明らかにするが，さらにその詳細を明らかにするために，附属明細書を作成することが義務づけられている。

　企業会計と同様に，国立大学法人の財務諸表中の重要性のある金額について，その内訳を明らかにするために，次のような附属明細書を作成する。

《中心となる附属明細書の種類（一部）》
- (1) 固定資産の取得及び処分並びに減価償却費の明細
- (2) 棚卸資産の明細
- (3) 有価証券の明細
- (4) 資本金及び資本剰余金の明細
- (5) 積立金等の明細及び目的積立金の取崩しの明細
- (6) 運営費交付金債務及び運営費交付金収益の明細
- (7) 役員及び教職員の給与の明細
- (8) 開示すべきセグメント情報
- (9) 上記以外の主な資産，負債，費用及び収益の明細

2 固定資産の取得及び処分並びに減価償却費の明細

　この附属明細書は，国立大学法人等の所有する全ての固定資産につきその明細を示すものである。したがって，特定の償却資産に係る損益外の減価償却相当額も，その内訳を示すこととされている。

　左側に期首残高を列挙し，期中の取得による増加額，売却除却，廃棄などによる減少額を加減して，期末残高を示し，ここから当期の減価償却額相当額を控除して，貸借対照表に計上されている固定資産の金額と同額を右側に示すことになる。

固定資産の取得及び処分並びに減価償却費の明細

		期首残高	当期増加額	当期減少額	期末残高	減価償却累計額		差引当期末残高	摘要
							当期償却額		
有形固定資産 （償却費損益内）	建物								
	計								
有形固定資産 （償却費損益外）	建物								
	計								
非償却資産									
有形固定資産合計	建物								
	計								
無形固定資産合計	特許権								
	計								
その他の資産									
	計								

（記載上の注意）
① 有形固定資産，無形固定資産，その他の資産について記載すること。
② 減価償却費が損益計算書に計上される有形固定資産と，減価償却費相当額が損益外となる有形固定資産各々について記載すること。
③ 「無形固定資産」，「投資その他の資産」についても，減価償却費相当額が損益外となることがある場合には，「有形固定資産」に準じた様式により記載すること。
④ 「有形固定資産」，「無形固定資産」，「投資その他の資産」の欄は，貸借対照表に掲げられている科目の区別により記載すること。
⑤ 「期首残高」，「当期増加額」，「当期減少額」，及び「期末残高」の欄は，当該資産の取得原価によって記載すること。
⑥ 「減価償却累計額」の欄には，減価償却費を損益計算書に計上する有形固定資産にあっては減価償却費の累計額を，特定の償却資産にあっては，損益外減価償却相当額の累計額を，無形固定資産及び投資その他の資産にあっては償却累計額を記載すること。
⑦ 期末残高から減価償却累計額を控除した残高を，「差引当期末残高」の欄に記載すること。
⑧ 災害による廃棄・滅失等の特殊な理由による増減があった場合は，その理由及び設備等の具体的な金額を脚注する。

3 棚卸資産の明細

棚卸資産のうち，下記の項目の増減を記載するものとする。

《明細を示す棚卸資産》
(1) 商品
(2) 製品，副産物及び作業くず
(3) 半製品
(4) 原料及び材料（購入部分品を含む）
(5) 仕掛品
(6) 消耗品，消耗工具，器具及び備品その他の貯蔵品で相当価額以上のもの
(7) 医薬品，診療材料

　　※　**棚卸資産とは**
　　　　国立大学が，直接又は間接的に教育・研究，診療などのサービス提供等

のために保有する財貨を示す。

棚卸資産の明細

種類	期首残高	当期増加額		当期減少額		期末残高	摘要
		当期購入・製造・振替	その他	払出・振替	その他		

（記載上の注意）
① 「当期増加額」の欄のうち，「その他」の欄には，当期購入・製造又は他勘定からの振替え以外の理由による棚卸資産の増加額を記載し，増加の理由を注記すること。
② 「当期減少額」の欄のうち，「その他」の欄には，棚卸資産の売却・利用による払出又は他勘定への振替え以外の理由による棚卸資産の減少額を記載し，減少の理由を注記すること。

4　有価証券の明細

　国立大学法人等の保有する有価証券は，その保有する目的により売買目的有価証券のような流動資産として取り扱われるものと，満期保有目的の債券などのように投資その他の資産として取り扱われるものに区分してその内訳を記載するものとする。

chapter 12　附属明細書の作成

(1) 流動資産として計上された有価証券

売買目的有価証券	銘　柄	取得総額	時　価	貸借対照表計上額	当期損益に含まれた評価損	摘　要
	計					

満期保有目的債券	種　類銘　柄	取得価額	券面総額	貸借対照表計上額	当期損益に含まれた評価差額	摘　要
	計					

貸借対照表計 上 額	—	—	—			

(2) 投資その他の資産として計上された有価証券

満期保有目的債券	種　類銘　柄	取得価額	券面総額	貸借対照表計上額	当期損益に含まれた評価損	摘　要
	計					

関係会社株　式	銘　柄	取得価額	総資産に持分割合を乗じた価　額	貸借対照表計上額	当期損益に含まれた評価差額	摘　要
	計					

その他有価証券	種　類銘　柄	取得価額	時　価	貸借対照表計上額	当期損益に含まれた評価差額	その他有価証券評価差額	摘要
	計						

貸借対照表計 上 額	—	—	—		—	—	—

（記載上の注意）

① 流動資産に計上した有価証券と投資その他の資産に計上された有価証券を区分し、売買目的有価証券、満期保有目的債券、関係会社株式及びその他有価証券に区分して記載すること。

② 為替差損益については，当期費用に含まれた評価差額の欄に（ ）書きで内書きで記載すること。
③ その他有価証券の「当期費用に含まれた評価差額」の欄には，時価が著しく低下した場合，発行会社の財政状態が著しく悪化した場合の評価減を行った場合の評価差額を記載すること。

5 資本金及び資本剰余金の明細

　国立大学法人等の資本金は国から現物出資を受けた財産の評価額を示すものであり，資本剰余金は施設費などで固定資産を取得した場合に計上された剰余金を示している。

資本金及び資本剰余金の明細

区　　　　分		期首残高	当期増加額	期減少額	期末残高	摘要
資本金						
	計					
資本剰余金	資本剰余金					
	施　設　費					
	運営費交付金					
	計					
	損益外減価償却累計額					
	差　引　計					

（記載上の注意）
① 資本金について当期増加額又は当期減少額がある場合には，その発生の原因の概要を「摘要」欄に記載すること。

② 資本金の「区分」欄には，政府出資金・その他の種別を記載すること。
③ 資本剰余金は，その発生源泉の区分を記載すること。
④ 資本剰余金について当期増加額又は当期減少額がある場合には，その発生の原因の概要を「摘要」欄に記載すること。
⑤ 資本剰余金について当期増加額があり，うち国立大学財務・経営センターからの受入担当額がある場合には，当該受入相当額を（　）書きで内書きすること。
⑥ 損益外減価償却累計額について当期減少額がある場合には，除却等発生の理由を「摘要」欄に記載すること。

6　目的積立金の明細及びその取崩しの明細

　国立大学法人の損益計算書では，当期純利益を計上した後で，目的積立金の取崩額を記載して最終的に当期総利益を表示する。目的積立金の取崩しが発生するのは，中期計画範囲内の固定資産の取得であっても特定資産に該当しないものを取得した場合である（p.123参照）。
　これ以外にも中期計画期間終了後に積立金勘定を振り替えた目的積立金等を計上する。

積立金の明細

区　分	期首残高	当期増加額	期減少額	期末残高	摘　要
計					

目的積立金の取崩しの明細

区　　分	項　　目	金　　額	摘　　要
目的積立金取崩額			
	計		
そ　の　他			
	計		

（記載上の注意）
① 「目的積立金取崩額」の欄は，損益計算書に表示された目的積立金取崩額の明細となるように記載すること。
② 「区分」欄は，「○○積立金」等当該積立金の名称を記載すること。
③ 「摘要」欄は，目的積立金積立の目的となった費用の発生，資産の購入等，取崩しの理由を記載すること，
④ 「その他」の欄には，中期目標期間終了時の積立金への振替え等，損益計算書に表示されない目的積立金の取崩しを記載すること。

7　運営費交付金債務及び運営費交付金収益の明細

　この明細書は，国から交付を受けた運営費交付金の交付年度別の使途明細を明らかにするものである。
　運営費交付金は，期間進行など，一定の基準に従って収益に計上されたり，固定資産の取得内容により，資産見返運営費交付金等勘定に振り替えられたり，資本剰余金に振り替えられるので，この附属明細書ではその内訳を示すことになる。

運営費交付金債務の明細

交付年度	期首残高	当期交付額	当期振替額				期末残高
			運営費交付金収益	資産見返運営費交付金	資本剰余金	小 計	
合 計							

運営費交付金収益計上の明細

区 分	平成〇年分	平成△年分	平成□年分	合 計
合 計				

8 役員及び教職員の給与の明細

　国立大学法人等の代表者や役員などの給料等の総額と支給の対象となった人員の数，また教員や一般職員などに対する給料等の総額と支給の対象となった人員の数などについては，その報酬額と退職手当の金額をそれぞれ明らかにしなければならない。

役員及び教職員の給与の明細

区分	報酬又は給与		退職手当	
	支給額	支給人員	支給額	支給人員
役員	( )	( )	( )	( )
教職員	( )	( )	( )	( )
合計	( )	( )	( )	( )

（記載上の注意）
① 役員に対する報酬等の支給の基準の摘要並びに教職員に対する給与及び退職手当の支給の基準の概要を注記すること。
② 役員についての期末現在の人数と上表の支給人員とが相違する場合には，その旨を注記すること。
③ 支給人員数は，年間平均支給人員数によることと，その旨を注記すること。
④ 非常勤の役員又は教職員がいる場合は，外数として（ ）書きで記載することとし，その旨を注記すること。
⑤ 支給額，支給人員の単位は千円，人とすること。
⑥ 中期計画において損益計算書と異なる範囲で予算上の人件費が定められている場合は，その旨及び差異の内容を注記すること。

9 上記以外の主な資産，負債，費用及び収益の明細

　国立大学法人等の態様や，その置かれている特殊な状況などから，作成が強制されている21項目の附属明細表では開示することができないものもあり，これを「上記以外の主な資産，負債，費用及び収益の明細」による附属明細書で明らかにするものとする。

（記載の必要性）
① 金額的に重要な事項であるか，あるいは質的に重要な事項（金額が僅少な事項は，多くの場合に除かれる）であるか否かにより判断する。

② 財務諸表の表示のみでは，財務報告の利用者の「国立大学法人等の業務の遂行状況について的確な把握」あるいは「国立大学法人等の業種の適正な評価」に資するとは言えず，このための補足的な情報開示が必要と判断されるか否か。
③ 明細書の形式による開示が適当と判断されるか否か。

Chapter 13 セグメント情報の開示

1 セグメント情報の開示とは

　国立大学法人等の作成する貸借対照表や損益計算書などは，組織全体の財政状態や運営状況に関する情報しか公開することはできない。しかし，国立大学法人の組織が大きくなればなるほど，その業務内容は多岐にわたり，どの部署でどのような業務が行われているかを把握することはできても，具体的な収支や損益などがどのようになっているかを統括表である貸借対照表や損益計算書で把握することは困難である。
　そこで「セグメント情報の開示」により，中心となる部署ごとにその財務内容を公開しようとするものである。
　このセグメント情報を公開するのは，国立大学法人等のいわゆる説明責任からであり，一般の企業会計のような利害関係者に対する，正しい判断を下すための情報の公開とは若干ではあるがその目的は異なるものの，その目的とするところは財務諸表では示すことができない別な視点に立った情報の開示にある。

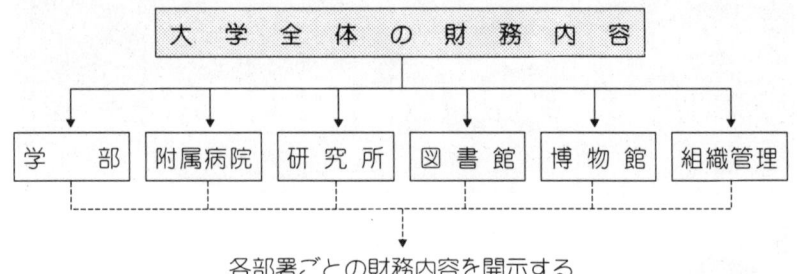

```
         ┌─────────────────────┐
         │  大 学 全 体 の 財 務 内 容  │
         └─────────────────────┘
  ┌──────┬──────┬──────┬──────┬──────┬──────┐
┌────┐┌────┐┌────┐┌────┐┌────┐┌────┐
│学 部││附属病院││研 究 所││図書館││博物館││組織管理│
└────┘└────┘└────┘└────┘└────┘└────┘
```

　　　　　　各部署ごとの財務内容を開示する

　国立大学法人会計基準では，セグメント情報の開示により明らかにされる情報は，各部署ごとの業務収益，業務損益及び当該セグメント（各部署）に属する総資産額とされている。

《公開される項目》
(1) **業務収益**……各部署で受け入れた運営費交付金，学生納付金，附属病院収入，入場料又は外部からの資金収入（業務，研究受託，寄附金収益など）
(2) **業務損益**……各部署での，事業収益から業務費，一般管理費などを控除した損益
(3) **総資産額**……各部署が専有している資産で貸借対照表に計上されているもの

1．セグメント区分の方法

　セグメントの区分については，運営費交付金に基づく収益以外の収益の発生箇所や，さまざまな業務を行っている大学内の各部署の業務区分を参考にしつつ，各国立大学法人等において個々に決定するものとする。
　ただし，比較可能性の確保の観点から，一定のセグメント情報については，全ての国立大学法人等において共通に開示する必要がある。

2. 区分に関する基本的思考

　国立大学法人等が作成することとされている財務諸表は，国民その他の利害関係者に対して，国立大学法人等の業務運営状況を明瞭に開示しなければならない。利害関係者はこの開示された情報に基づき，当該国立大学法人等に関する判断を行う。

　また，評価委員会が，当該国立大学法人等の中期計画に関する評価を行う際にも，財務諸表に盛り込まれた情報には，その判断が行われる際の基礎となる情報が数多く含まれている。

　したがって，ここに盛り込まれる情報は単に国立大学法人等の全体としての財務情報ではなく，各部署における業務内容ごとのセグメント情報であり，これを公開することには大きな意義があるものと考えることができる。

3. 具体的な区分方法

(1) 各学部の取扱い

　大学の場合は，基本的に最高学府としての教育機関としての存在目的があるために，セグメントを考える場合にも，学部を基本に考えるべきである。このときにも一つの大学にはいくつかの学部が存在するため，各学部の存在を度外視して全学部を一つで考えるか，あるいは学部ごとに細分化するかどうかという問題が発生する。

　ただ，現行では学部の細分化は必要なく，一括して「学部」として考えればよい。学部に関係する大学院などは，一括して考え，明らかに教育研究目的の施設も学部として把握する方が妥当である。

(2) 研究施設等

　国立大学の場合は，学部に関連する研究施設がほとんどである。セグメントを考える場合に，学部とこれに関係する教育研究目的の施設は一括して把握される。これ以外の，純粋な意味でも研究所や研究施設などは，独

立して研究開発施設として把握されることが望ましい。

(3) **附属教育機関等**

　附属幼稚園や小学校を運営している場合，国立大学とは別の集合体という認識で上記(1)，(2)とは区別して，独立した部署と考えて，その財務内容を単独で開示する。

(4) **図書館・博物館等**

　博物館等，入場料などの収益が一部発生することが考えられる。このような点を考慮して図書館や博物館などは独立した部署として，その財務内容を単独で開示する。

(5) **附属病院等**

　学部の中に医学部が存在する国立大学法人等は，附属病院が併設されているのが一般的である。医学部の附属病院は，まさにその教育研究施設（上記(2)）と考えられるが，一般的に財政的な規模が大きく，そこに従事する関係者の数も多い。また多くの外来患者の診察を行ってるという特殊事情を考慮して，学部とは切り離し，独立した部署として，その財務内容を開示する。

(6) **情報処理センター**

　最近はいずれの大学でも，大型の電算機により，大学内の多くの処理を行っている。学内全体の教育関係，事務処理関係を一手に引き受けているが，これは学校全体の教育研究の発展に寄与するために設置されたものである。下記に示す事務局等とは異なりその独自性を考慮して，独立した部署として，その財務内容を開示する。

(7) **事 務 局 等**

　大学の事務一般を担当する事務局である総務部や経理部などは，どこかの部署のために特別な業務を行っているわけではない。これらの部署は，大学全体の運営業務を一括して行っているので予算額，職員数，学生数など適当な基準により，発生した費用が各部署に按分される。

2　開示する情報の内容

1．業務収益の帰属

各セグメントに計上される業務収益は，次のような方法で区分される。

《業務収益》
① **運営費交付金**……各大学が，文部科学省から分配を受けた運営費交付金は，学内での予算配分に従い各部署に配分されるはずである。各セグメント別の業務収益には，この配分された金額を計上する。
② **授業料など**……学生納付金収益である入学金，授業料などは，大学や附属教育機関等の生徒数で，各セグメントに按分する。
③ **入学試験検定料**……入学希望者が大学等の受験に際して，受験願書を提出した先のセグメントに分配される。
④ **病院収入**……附属病院に関する診察代その他の収入は，全て附属病院に関する業務収益とする。
⑤ **受託研究収益**……外部から研究開発の受託を受けた場合は，受託を受けた教職員あるいは研究施設に帰属する業務収益とする。
⑥ **寄附金収入**……大学全体に受けた寄附金は，事務局へ計上し，一定の基準によりその金額を各セグメント按分し，これを業務収益とする。
　　また，教員など個人別に受けた寄附金は，その教職員が帰属するセグメントの業務収益とする。

2．業務損益の算出

各セグメントで開示される業務損益は，各セグメント別に，業務収益から業務費用を控除して業務損益が計算され開示される。

《業務費用》
① **大学共通費**……大学全体で発生する諸費用（燃料費，清掃費，警備費など）は，いったん事務局へ計上する。これを一括して合理的な基準により各セグメントへ配分するものとする。
② **人件費**……事務局関係の人件費以外は，各セグメント別に把握が可能であるために，その所属する部署ごとに人件費を把握する。
③ **個別費用**……各部署ごとに発生し，部署ごとに把握できる費用は個別費として，各セグメントに計上される。

3．帰属資産の開示

セグメント情報の開示には，各セグメント別の収益や損益の他に，各セグメントに属する総資産額も開示することとされている。業務収益や業務損益を算出する際の業務費用と同様に，各セグメント別にその帰属が明らかな資産と共通して保有する資産がある。

(1) 共通資産を多く保有する部署

事務局は，その部署の業務の内容から，その保有する資産のほとんどがさまざまな部署の共通的な目的としての性格をもつ。これらの資産はすべて事務局の資産とすることなく，一定の基準で各部署に配分されなければならない。

配分される資産は，固定資産だけではなく，セグメントが明らかにならない資産なども含まれる。

《配分基準》
① **固定資産**……土地・建物の面積や償却資産であれば償却後の帳簿価額を用いる
② **教育用資産**……各部署に帰属する学生，教職員などの人数で按分する
③ **研究用資材**……各部署の利用状況（利用時間）に応じて按分する

chapter 13　セグメント情報の開示

(2) **部署別に個別で把握される資産**

　各セグメント別に把握できる資産はその種類などに係わらず，独自の資産としてその有高を開示する。

■**参　考**■

開示すべきセグメント情報

(単位：千円)

区　　　分	附属病院	△△△	○○○	×××	合　計
業　務　費　用					
業　務　収　益 　運営費交付金収益 　学生納付金収益 　附属病院収益 　外　部　資　金 　そ　の　他					
業　務　損　益					
帰　属　資　産					

（記載上の注意）
① 業務費用は各セグメントの業務実施により発生した業務費用合計とする。
② 業務収益は各セグメントの業務実施により発生した業務収益合計とする。
③ 業務損益は業務収益と業務費用の差額を記載するものとする。業務損益の合計は損益計算書の経常損益と一致する。
④ 各セグメントの主な区分方法を注記すること。
⑤ 帰属資産は各セグメントの業務実施に必要となる資産の額を記載すること。
⑥ 業務費用のうち各セグメントに配賦しなかったもの及び各セグメントへ配賦不能な一般管理費については，消去又は全社等適宜の欄に記載し，その金額及び主な内容を注記すること。
⑦ 業務収益のうち，その他には，運営費交付金収益，学生納付金収益，附属病院収益，外部資金（受託研究等収益，受託事業等収益及び寄附金収益）のいずれにも属さない収入を一括して計上すること。
⑧ 帰属資産のうち各セグメントに配賦しなかったものは，消去又は全社等適宜の欄に記載し，その金額及び主な内容を注記すること。
⑨ 目的積立金の取崩しを財源とする費用が発生した場合は，その旨及び金額を注記すること。
⑩ 損益外減価償却相当額及び引当外退職給付増加見積額は，各セグメント別の金額を注記すること。
⑪ セグメント情報の記載にあたっては，業務費用の配分方法，資産の配分方法等

について継続性が維持されるように配慮する。なお，記載対象セグメント，業務費用の配分方法，資産の配分方法を変更した場合には，その旨，変更の理由及び当該変更がセグメント情報に与えている影響を記載する。ただし，セグメント情報に与える影響が軽微な場合は，これを省略することができる。

Chapter 14 消費税に関して

1 消費税の概略

　消費税は，物品の販売，貸付けまたサービスの提供に課税される間接税である。国内においてこれらの行為を事業として行っているものには納税義務が発生する。したがって，国立大学法人等が行う教育，研究開発の受託事業も基本的には消費税が課税されると考えなければならない。
　消費税は，あらゆる取引段階で課税されているために，前段階までで課税されている消費税を控除することにより，次のような納付額計算が行われる。なお，本書上では地方消費税を区分して説明していないので了承してほしい。

> 売上に伴う消費税額－仕入に伴う消費税額＝納付する消費税額

　　（注）　実際の計算方法
　　　消費税はその代金の５％を税金として徴収するため下記のような方法で計算が行われる。

$$売上高(税込) \times \frac{5}{100} - 仕入高(税込) \times \frac{5}{100} = 納付額$$

■図　解■

　メーカーが製造したものを各段階で課税すると，それぞれの納付税額は次のようにして求めることができる。

| メーカー | $105円 \times \dfrac{5}{105}$（売上高） $- \ 0 = 5円$……納付する消費税 |

| 問　屋 | $126円 \times \dfrac{5}{105}$（売上高） $- \ 105円 \times \dfrac{5}{105}$（仕入高） $= 1円$……納付する消費税 |

| 小売店 | $168円 \times \dfrac{5}{105}$（売上高） $- \ 126円 \times \dfrac{5}{105}$（仕入高） $= 2円$……納付する消費税 |

| 消費者 | $168円 \times \dfrac{5}{105}$（購入額） $= 8円$……消費税の負担額 [注] |

（注）　消費税の負担額
　　　消費者が負担した消費税 8 円は，メーカーから小売店までがそれぞれ納付している。これにより，事業者が各段階で消費税を納付していることになる。しかし，実際にこの 8 円を負担しているのは消費者であり，消費税を納付した者と負担した者が異なる。このような課税と納付が行われる税を間接税と呼ぶ。

2　納付義務のある場合

　消費税の納税義務がある者（納税義務者）は，国内取引として物品販売，貸付け，サービスの提供として行った事業者に限られている。
　また，消費税の課税される取引は国内，輸入取引に区別されて次のように分類することができる。

chapter 14 消費税に関して

消費税の課税対象取引

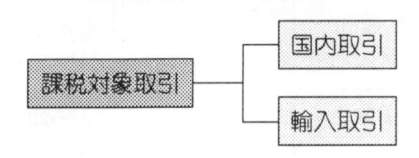

```
課税対象取引 ─┬─ 国内取引
              └─ 輸入取引
```

（注）　**国立大学法人等の課税取引**
　　　国立大学法人等の場合には，学生からの授業料などの受入れ，研究受託業務に関する収入，病院や博物館などの収入が考えられ，これらが国内取引に該当する。

　消費税が課税される取引であっても，土地の売買などのような消費の概念のなじまないものや，社会政策上，消費税を課税しないものもあり，これらは非課税として消費税を課税しないこととしている。
　国立大学法人等では，下記に示す取引は，社会政策的な配慮から消費税は非課税とされている。

〈消費税の非課税取引〉
① 学校教育法に規定する役務提供に伴う授業料，入学金，施設設備負担金など
② 附属病院などで行われている健康保険法などの規定に基づく診療報酬

3　消費税における仕入と売上の取扱い

　消費税の税額計算の基礎となる仕入と売上は，会計上の仕入や売上とは異なる。これは，消費税の課税原因が物品の販売，貸付けやサービスの提供に基づいて課税されることを前提にしているためである。

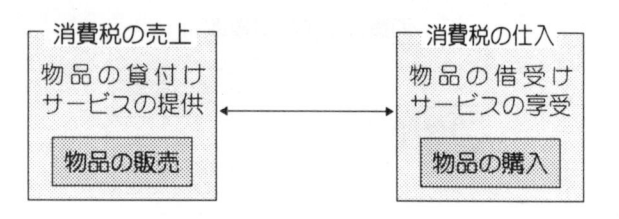

```
┌─消費税の売上─┐           ┌─消費税の仕入─┐
│  物品の貸付け  │           │  物品の借受け  │
│ サービスの提供 │ ←――――→  │ サービスの享受 │
│              │           │              │
│  物品の販売   │           │  物品の購入   │
└──────────────┘           └──────────────┘
```

《消費税の売上になる取引》

(1) 商品，製品等の物品の販売収入

(2) サービスの提供による売上収入

(3) 備品等の固定資産の売却収入

(4) その他

《消費税の仕入になる取引》

(1) 商品，製品等の物品の購入

(2) 交際費，通信費等の費用の支払い※

(3) 備品等の固定資産の購入※

(4) その他

※ 仕入の概念について

通常の商品，製品等の仕入以外に消費税が課税されている物品の購入やサービスの提供等に関しても消費税法では仕入の概念に含まれる。

4 消費税額の計算方法

消費税額の計算は，課税期間中の課税売上に係る消費税から同期間中の課税仕入に係る消費税を控除して計算する。

$$\begin{pmatrix}課税期間の課税売上\\に係る消費税\end{pmatrix} - \begin{pmatrix}同期間の課税\\仕入に係る消費税\end{pmatrix} = \begin{pmatrix}納付すべき\\消費税額\end{pmatrix}$$

$$\quad\quad\downarrow \quad\quad\quad\quad\quad\quad \downarrow$$

$$\text{税抜売上高}\times 5\% \quad\quad \text{税抜仕入高}\times 5\%$$

chapter 14 消費税に関して

> ◆範例 1 ◆
> 　原則的方法により消費税額の計算をすると次のようになる。なお、地方消費税は区別して計算していない。
> （資料）1　課税売上高：86,100千円
> 　　　　2　課税仕入合計：68,250千円

◎解　答◎

(1) 課税標準額：$86{,}100千円 \times \dfrac{100}{105} = 82{,}000千円$（千円未満切捨て）

(2) 消費税額：$82{,}000千円 \times 5\% = 4{,}100千円$

(3) 控除税額：$68{,}250千円 \times \dfrac{5}{105} = 3{,}250千円$

(4) 差引納付税額：(2) − (3) ＝ 850千円（百円未満切捨て）

　国立大学法人等の場合の申告納付すべき消費税額は、下記の方法により計算された金額とする。

$$\begin{pmatrix} 課税期間の \\ 課税売上 \end{pmatrix} \times 5\% - \begin{pmatrix} 課税仕入に係る税額 \\ （仕入税額控除） \end{pmatrix} = \begin{pmatrix} 納付すべき \\ 消費税額 \end{pmatrix}$$

　国立大学法人等では、運営費交付金等の消費税法上の特定収入の割合が大きいため、上記算式の課税仕入に係る税額（仕入税額控除）は次の算式によって算出する。

$$\begin{pmatrix} 一般事業者の仕入 \\ 税額控除金額^{※} \end{pmatrix} - \begin{pmatrix} 特定収入に係る \\ 課税仕入等の税額 \end{pmatrix} = \begin{pmatrix} 仕入税額 \\ 控除額 \end{pmatrix}$$

　　※　一般事業者の仕入税額控除金額

$$\begin{pmatrix} 課税仕入に \\ 係る税額 \end{pmatrix} \times \left(\dfrac{課税収入}{課税収入＋非課税収入} \right) = \begin{pmatrix} 一般事業者の仕入 \\ 税額控除金額 \end{pmatrix}$$

5　課税事業者の取扱い

　消費税の具体的な納付義務は，物品の販売，貸付けまたはサービスの提供を行う全ての事業者にあるわけではない。事業者の基準期間（国立大学法人等の場合には，前々年度）の課税売上高が1,000万円超になっている場合に課税事業者として，消費税を納付する義務が生ずることになる。

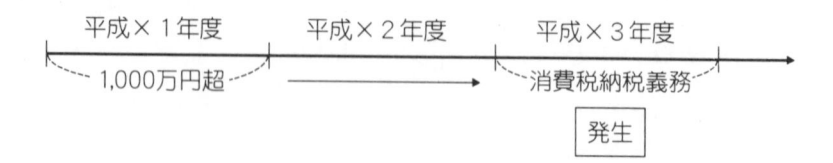

```
    平成×1年度        平成×2年度        平成×3年度
├─────────────┼─────────────┼─────────────┤
  ---1,000万円超---   ─────────────→  ---消費税納税義務---
                                         発生
```

　国立大学法人等の多くは，基準期間の課税売上高が1,000万円超となると思われるので，この場合には所轄税務署へ「消費税課税事業者届出書」を提出しなければならない。
　また，基準期間の課税売上高が1,000万円以下で免税の場合であっても，大規模な設備投資が行われた場合には，物品等の購入より多額の消費税を負担していることが考えられる。

$$\overset{課税売上}{2,100万円} \times \frac{5}{105} - \overset{設備投資等}{10,500万円} \times \frac{5}{105} = \triangle 400万円$$

　この場合には，消費税の還付を受けることができる。その際には選択する会計年度（大規模な設備投資をすることが予定されている年度）の初日の前日までに「消費税課税事業者選択届出書」を所轄税務署長に提出する。

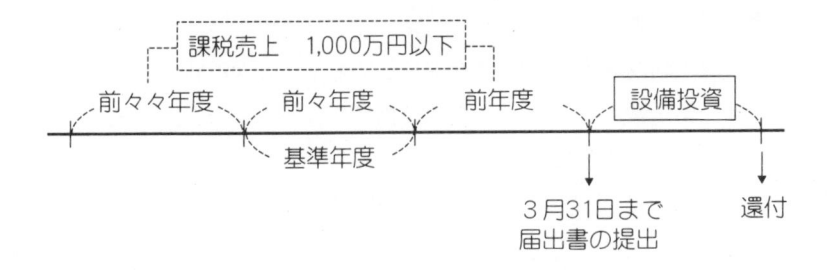

chapter 14　消費税に関して

```
   ┌──課税売上　1,000万円以下──┐
   前々々年度    前々年度    前年度    ┌設備投資┐
───┬──────┬──────┬──────┼─────┬──
              基準年度              │         │
                                  3月31日まで  還付
                                  届出書の提出
```

6　簡易課税制度

　小規模の国立大学法人等では，その事務処理を簡素化するために簡易課税制度により消費税額を計算することができる。

《簡易課税制度適用の要件》
①　基準期間の課税売上高が5,000万円以下であること。
②　簡易課税に関する届出書をその適用を受けようとする課税期間の初日の前日までに提出すること。

　この簡易課税制度では，仕入に係る消費税額を個々に集計することなく，一定の額を課税標準である消費税額から控除する方法である。

$$\begin{pmatrix} Ⓐ課税標準に対 \\ する消費税額 \end{pmatrix} - \begin{pmatrix} 控除対象仕入税額 \\ Ⓐ×一定率 \end{pmatrix} = \begin{pmatrix} 納付すべき \\ 消費税額 \end{pmatrix}$$

（注）　控除税額とみなされる仕入税額
　　　　課税標準に対する消費税額に乗じられることとなる一定率をみなし仕入率と呼ぶ。その割合は，その業種により次の割合とされている。

　　　《みなし仕入率》
　　　　　第1種事業（卸売業）……………………90%
　　　　　第2種事業（小売業）……………………80%
　　　　　第3種事業（建設業，製造業等）………70%
　　　　　第4種事業（飲食業，加工業等）………60%
　　　　　第5種事業（不動産業，サービス業）…50%

chapter 14

251

◆範例2◆

　簡易課税制度を選択している者として納付すべき消費税額を計算する。卸売業を営んでおり，すでに課税事業者とする。なお，地方消費税は区別して計算していない。

（資料）　1　課 税 売 上 高：44,100千円
　　　　　2　課 税 仕 入 合 計：37,800千円

◎解　答◎

① 課税標準額　$44,100千円 \times \dfrac{100}{105} = 42,000千円$（千円未満切捨て）

② 消費税額（一括）$42,000千円 \times 5\% = 2,100千円$

③ 控 除 税 額　$2,100千円 \times 90\% = 1,890千円$

④ 納付すべき税額②－③＝210千円

（注）　原則的方法による場合の納付すべき消費税額は，次の通りである。

$$44,100円 \times \dfrac{5}{105} - 37,800千円 \times \dfrac{5}{105} = 300千円$$

7　経理方法

　消費税を含んだ金額で取引が行われる場合に，この消費税部分をどのようにして処理するかで次の二つの会計処理方法がある。この会計処理方法のうち，予算との整合性を重視すれば税込み経理の方が優れていると考えることができる。

chapter 14　消費税に関して

消費税の会計処理方法

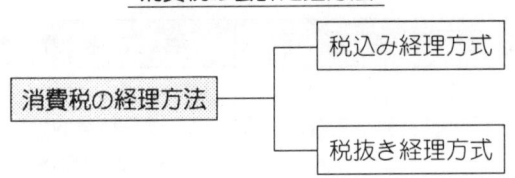

```
消費税の経理方法 ─┬─ 税込み経理方式
                  └─ 税抜き経理方式
```

（注）　税込み経理方式
　　　国立大学法人等が税込み経理方式を採用すれば，予算を税込みベースで算定するため損益計算書と予算の実績である決算報告書との整合性を持たせることができる。

◆範例3◆

　下記の取引をそれぞれ税込み経理方式による場合，税抜き経理方式による場合で処理しなさい。

① 　民間業者から受け取っていた研究開発が完了し，本日報告書の引渡しと同時に，その請求書7,350千円（うち消費税350千円）を作成した。

② 　研究室で実験用の機械3,150千円（うち消費税150千円）を購入し，代金は翌月に支払うこととした。

（注）　税込表示価格について
　　　従前は，店頭で商品等に付されている定価の中に消費税を含んだ金額で示されているものを税込み表示価格といい，定価の中に消費税は含んでおらず，別途支払時に消費税を支払わなければならないものを税抜き表示価格といい，各事業者別にその表示は任意であった。
　　　しかし，消費税法の改正により今後は店頭表示価価格は消費税を含んだ税込み表示（総額表示）価格によることが強制されることとなった。

◎解 答◎

	税込み経理方式	税抜き経理方式
1	（未 収 金） 7,350千円 　（受託研究収益） 7,350千円	（未 収 金） 7,350千円 　（受託研究収益） 7,000千円 　（仮受消費税） 350千円
2	（工具器具備品） 3,150千円 　（未 払 金） 3,150千円	（工具器具備品） 3,000千円 （仮払消費税） 150千円 　（未 払 金） 3,150千円

(注)　表示価格と経理処理

店頭表示価格が税込み表示（総額表示）による場合であっても，経理方式は，税込み経理，税抜き経理いずれの処理方法を選択することもできる。

　　店 頭 価 格　　　　　　　　経 理 処 理
　　　　　　　　　　　　　　　　税込み経理方法
税込み（総額）表示
　　　　　　　　　　　　　　　　税抜き経理方式

　国立大学法人等は，運営費交付金を運営の主な財源とする法人である。したがって，消費税額の計算に際しては，特定収入の調整が必要である。このために支出した消費税のうち控除対象となる金額が限定される可能性があり，会計処理の簡便性から税込み方式が望ましくその処理は税込み方式で行うものとする。

8　消費税の申告

　消費税を納付すべき国立大学法人等は，課税期間である会計年度ごとに，課税期間の末日から2月以内に必要な事項を記載した申告書を所轄の税務署に提出することとされている。

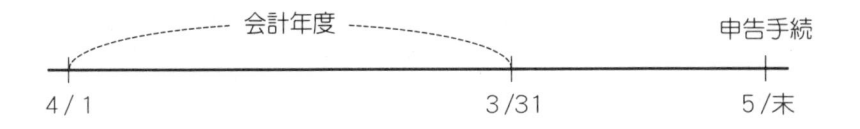

```
          会計年度                      申告手続
├─────────────────┼──────────────┤
4/1                3/31              5/末
```

（注）　文部科学省への財務諸表の提出
　　　国立大学法人等は，会計年度終了後3ケ月以内に文部科学大臣に，その財務諸表を提出することとされているが，消費税の申告はその財務諸表の提出期限とは関係なく，会計期間が終了してから，2ケ月以内とされている。

　また，消費税の還付を受ける国立大学法人等も，一定の事項を記載した申告書を所轄の税務署に提出しなければならない。

Chapter 15 連結財務諸表

1 基本的な思考

1．連結財務諸表

(1) 意　義

　国立大学法人等が，その公的資金を他の独立行政法人や一般企業に提供（出資）等をしている場合には，単体としての国立大学法人等の財務諸表では，その財務内容の全容を把握することは困難である。

```
           公的資金の供給に関する報告
                ┌─────────┐
                │ A 国 立 大 学 │
                └─────────┘
         資金  ↙            ↘  出資
    ┌─────────┐        ┌─────────┐
    │ B 独立行政法人 │        │ C 株 式 会 社 │
    └─────────┘        └─────────┘
```

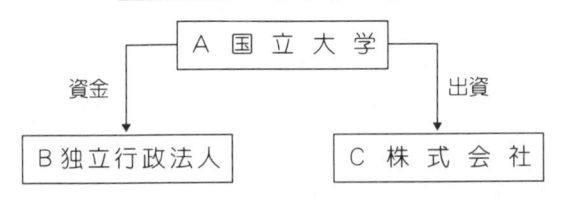

（注）　公的資金の供給
　　　国立大学法人等の連結は，全体としての財政状態や経営成績の表示ではなく，公的資金がどのように使われているかを示すことを目的にしている。これが企業会計との大きな相違点である。

国立大学法人会計基準により作成される連結財務諸表も企業会計で作成される連結財務諸表と同様のものである。また，その作成に関する基準も国立大学会計基準と企業会計原則の関係のように，企業会計に準拠したものである。ただ，企業会計との大きな相違点は，国立大学が公的資金をどのような目的で供給したのか，その説明を行うとともに集団としての財務内容の報告をしなければならない点が，企業会計と異なる部分である。

(2) **作成目的**

　国立大学法人等の作成しなければならない連結財務諸表は，国立大学法人等とその出資先の会社等（関係会社）を公的な資金が供給されている一つの会計主体として捉えて，国立大学法人等が関係法人集団（国立大学法人等及び関係法人の集団）の財政状態及び運営状況を総合的に報告するために作成するものである。

企業会計との相違点

主　　　体	作　成　目　的
一　般　企　業	出資等による支配従属関係のある2以上の会社からなる企業集団を一つの組織体とみなし財務内容を報告する目的
国立大学法人等	国立大学法人等が公的資金を提供した関係法人を一つの会計主体とし，公的主体としての説明目的のため

　国立大学法人等が行う出資等は，法人の設立目的を達成するために業務として行われるものであり，一般企業のように出資等により関係法人間において支配従属関係を形成することを目的にして行われるわけではない。

　しかし，国立大学法人等が関係法人に公的な資金を供給したのであるから，国立大学法人等が公的な主体としての説明責任を果たす観点から連結財務諸表が作成されなければならない。

2．連結財務諸表一般原則

　連結財務諸表を作成する場合にも，一般の財務諸表を作成する場合に前提となった一般原則と同様の基準がある。しかし，これはあくまでも国立大学法人会計基準に準拠して作成された財務諸表を前提にするものであり，根本的な意味では企業会計原則における七つの実践的規範と同じ性格で考えることはできない。

　国立大学法人等の作成する連結財務諸表のための一般基準は次の4項目であり，これに重要性の原則が加わり，その内容を補完している。

(1) 真実性の原則

　連結財務諸表は，関係法人集団の財政状態及び運営状況に関して真実な報告を提供するものでなければならない。

(2) 基準性の原則

　連結財務諸表は，関係法人集団に属する国立大学法人等及び関係法人が準拠すべき一般に公正妥当と認められる会計基準に準拠して作成された個別財務諸表を基準として作成されなければならない。

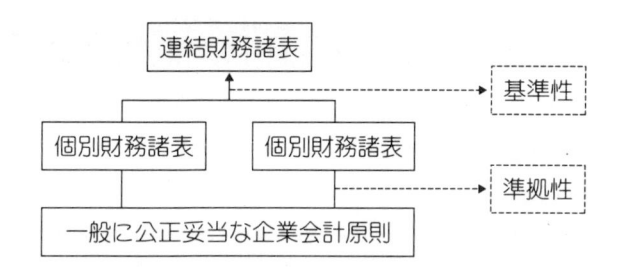

```
              連結財務諸表
              ／      ＼
                              ----→ 基準性
        個別財務諸表   個別財務諸表
              ＼      ／      ----→ 準拠性
        一般に公正妥当な企業会計原則
```

(3) 明瞭性の原則

　国立大学法人等の会計は，連結財務諸表によって，国民その他の利害関係者に対して必要な会計情報を明瞭に表示し，関係法人集団の状況に関する判断を誤らせないようにしなければならない。

(注) **重要性の原則の適用**

連結財務諸表を作成するにあたっては，国民その他の利害関係者の関係集団の状況に関する判断を誤らせないようにするために，下記の両者を考慮して，適切な会計処理及び表示を行うものとする。(参照☞ p.30)

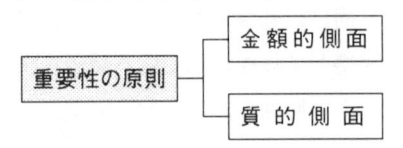

```
                    ┌─ 金額的側面
    重要性の原則 ──┤
                    └─ 質的側面
```

また，重要性が乏しい場合には，本来の会計処理によらないで合理的な範囲内で他の簡便的な方法によることも認められている。

(4) 継続性の原則

連結財務諸表作成のために採用した基準及び手続きは，毎期継続して適用して，みだりにこれを変更してはならない。

2 一般基準

1．連結の範囲

国立大学法人等は，原則としてすべての特定関連会社を連結の範囲に含めなければならない。

(注) **特定関連会社**

特定関連会社とは，国立大学法人等が出資する会社であって，次のいずれかに該当する場合には，当該会社は特定関連会社に該当するものとする。ただし，資産，収益等を考慮して重要性の乏しい場合には，連結の範囲に含めないことができる。

① 会社の議決権の過半数を所有しているという事実が認められる場合

② 会社に対する議決権の所有割合が$\frac{50}{100}$以下であっても，高い比率の議決権を保有している場合であって，次のような事実が認められる場合

a．議決権を行使しない株主が存在することにより，株主総会において議決権の過半数を継続的に占めることができると認められる場合
　　b．役員，関連会社等の協力的な株主の存在により，株主総会において議決権の過半数を継続的に占めることができると認められる場合
　　c．役員若しくは教職員である者又はこれらであった者が，取締役会の構成員の過半数を継続的に占めている場合
　　d．重要な財務及び営業の方針決定に関し国立大学法人等の承認を要する契約等が存在する場合
　③　国立大学法人等及び特定関連会社が，他の会社に出資又は投資を行い，多大な影響力を与えていると認められる場合における当該他の会社も，また特定関連会社とみなすものとする。

特定関係会社の関係

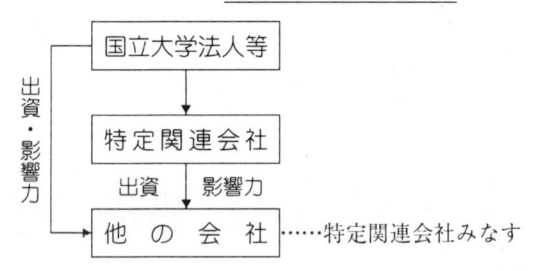

```
           ┌─ 国立大学法人等
出資・影響力│      ↓
           │   特定関連会社
           │  出資  影響力
           └─ 他 の 会 社 ……特定関連会社みなす
```

2．連結決算日

(1) 基本的取扱い

　連結財務諸表の作成に関する期間は1年とし，国立大学法人等の会計期間に基づき毎年3月31日をもって連結決算日とする。

(2) 決算日の特例

　特定関連会社の決算日が連結決算日と異なる場合には，特定関連会社は，連結決算日に正規の決算に準ずる合理的な手続きにより決算を行わなければならない。

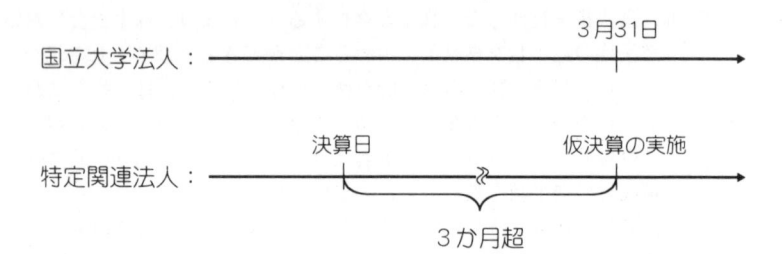

```
国立大学法人：―――――――――――――|―――→
                                  3月31日

                      決算日      仮決算の実施
特定関連法人：――――|―≈―――――|―――→
                   └―――――┬―――――┘
                       3か月超
```

(3) 差異の特例

　国立大学法人等と特定関連法人の決算日の差異が3ケ月を超えない場合には，特定関連法人の正規の決算を基礎として連結決算を行うことができる。

　ただし，この場合には決算日が異なることから生ずる国立大学法人等及び連結される特定関連会社間の取引に係る会計記録の重要な不一致について，必要な調整を行うものとする。

3．会計処理の原則及び手続き

(1) 会計処理等の統一

　国立大学法人等及び特定関連会社が採用する会計処理の原則及び手続きは，同一環境下で行われた同一性質の取引である限り，その会計処理は統一されたものでなければならない。

　ただし，特定関連会社が国立大学法人等でなく一般企業等である場合には，その処理が企業会計原則等に則して行われているため，国立大学法人会計基準に従って処理を行っている国立大学法人等と，その処理が統一できないことはやむを得ない。

　　（注）　概要の注記
　　　　　会計処理の原則及び手続きで国立大学法人等及び特定関連会社との間で特に異なるものがあるときは，その概要を財務諸表に注記しなければならない。

(2) 統一に関する適用の特例
　① 統一不適用
　　　国立大学法人等と特定関連会社は，資産の評価方法及び固定資産の減価償却の方法についても，本来統一することが望ましいが，事務処理に多大の時間と労働を要するため，統一が困難な場合には，統一をしないことができる。
　② 共同出資会社の場合
　　　国立大学法人等が出資を行う特定関連会社が，他の民間会社からも出資を受けており，その処理が民間企業に統一されている事情（例：持分法適用）などがあり，その処理を統一させることに困難な事情があれば，会計処理を統一しないことができる。

3 連結貸借対照表の作成基準

1．作成の基本原則

　国立大学法人等が作成する，特定関連会社を連結する貸借対照表は，国立大学法人等及び特定関連会社の個別貸借対照表における資産，負債及び資本の金額を基礎とし，特定関連会社の資産及び負債の評価，国立大学法人等及び連結される特定関連会社相互間の出資と資本及び債権と債務の相殺消去等の処理を行って作成する。

両者間の相殺等について

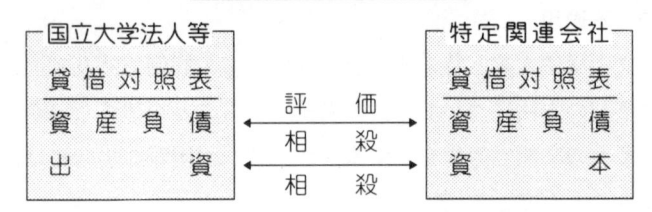

```
┌─国立大学法人等─┐         ┌─特定関連会社─┐
│ 貸 借 対 照 表 │  評  価  │ 貸 借 対 照 表 │
│ 資 産  負 債 │ ←相 殺→ │ 資 産  負 債 │
│ 出     資  │  相  殺  │ 資     本  │
└─────────┘         └─────────┘
```

2．資産及び負債の評価

　連結貸借対照表の作成にあたっては，特定関連会社に該当することとなった日において，特定関連会社の資産及び負債の全てを特定関連会社に該当することとなった日の時価により評価しなければならない。

　この場合に，特定関連会社の資産及び負債の時価による評価額と当該資産及び負債の個別貸借対照表上の金額との差額は，特定関連会社の資本とする。

（注）　全面時価評価法
　　　国立大学法人会計基準では，特定関連会社に該当することとなった日において時価評価することを基本としているが，連結会計ではこれを「全面時価評価法」と呼ぶ。これに対して，段階的に公正な評価を行う「部分時価評価法」と呼ばれる方法もあるが，国立大学法人会計基準では，その選択等を認めておらず，全て「全面時価評価法」によることとしている。

　また，特定関連会社に該当することとなった日が，特定関連会社の決算日以外の日であるときは，その日の前後いずれか近い決算日において特定関連会社に該当することとなったものとみなして処理することができる。

3．出資と資本の相殺消去

(1)　相殺の基本

　国立大学法人等の特定関連会社に対する出資とこれに対応する特定関連会社の資本は，相殺消去しなければならない。

(2) 相殺差額の取扱い

　国立大学法人等の特定関連会社に対する出資とこれに対応する特定関連会社の資本との相殺消去にあたり，差額が生ずる場合には，当該差額は発生した事業年度の損益として処理しなければならない。

(注)　連結調整勘定
　　企業会計（連結財務諸表原則）では，出資とこれに対応する資本の相殺に際して発生する差額は，「連結調整勘定」と定義しており，この連結調整勘定は，原則としてその計上の後20年以内に定額法等で償却するものとされている。

◆範例1◆

　A国立大学がB株式会社の発行済株式の80％を12,000千円で一括して取得したことを前提にし，B株式会社の諸資産，諸負債を時価評価してそれぞれ23,000千円，11,000千円とした場合に(1)資産，負債の評価に関する仕訳(2)出資と資本の相殺消去の仕訳をそれぞれ示しなさい。

（資　料）

貸借対照表

A国立大学　　　　　　　　　　　　　　　（単位：千円）

諸　資　産	80,000	諸　負　債	40,000
（内，B社株式	12,000）	資　本　金	35,000
		剰　余　金	5,000
	80,000		80,000

貸借対照表

B株式会社　　　　　　　　　　　　　　　（単位：千円）

諸　資　産	21,000	諸　負　債	10,000
		資　本　金	9,000
		剰　余　金	2,000
	21,000		21,000

◎解　答◎
1. **資産，負債の評価**

（諸　　資　　産）　2,000千円　　（諸　　負　　債）　1,000千円
　　　　　　　　　　　　　　　　　（剰　　余　　金）　1,000千円

　　＊　内　訳
　　　　　　　　　　　　B社資産時価　　簿価
　　(1) 諸　資　産：23,000千円 － 21,000千円 ＝ 2,000千円
　　　　　　　　　　　B社負債時価　　簿価
　　(2) 諸　負　債：11,000千円 － 10,000千円 ＝ 1,000千円
　　(3) 剰　余　金：(1) － (2) ＝ 1,000千円

2. **出資と資本の相殺**

（資　　本　　金）　7,200千円　　（B　社　株　式）　12,000千円
（剰　　余　　金）　2,400千円
（連 結 調 整 差 額）　2,400千円

　　＊　内　訳
　　　　　　　　　　　B社資本金　保有割合
　　(1) 資　本　金：9,000千円 × 80％ ＝ 7,200千円
　　　　　　　　　　B社剰余金　時価評価分
　　(2) 剰　余　金：(2,000千円＋1,000千円) × 80％ ＝ 2,400千円
　　(3) 調 整 差 額：貸借の差額として計上される。この勘定科目を企業会計と同様に連結調整勘定として処理することも考えられる。

4．少数株主持分

　貸借対照表の連結を行うに際して，特定関連会社の資本のうち国立大学法人等に帰属しない部分は，少数株主持分とする。

　なお，特定関連会社の欠損のうち，当該特定関連会社に係る少数株主持分に割り当てられる額が，当該少数株主の負担すべき額を超える場合には，その超過額については，その特定関連会社との関係を勘案して処理するものとする。

◆**範例2**◆

前範例1の資料，条件をそのままとして，出資と資本の相殺と同時に少数株主持分を計上する仕訳を示しなさい。

◎**解　答**◎

（資　本　金）	9,000千円	（B　社　株　式）	12,000千円
（剰　余　金）	3,000千円	（少数株主持分）	2,400千円*
（連結調整差額）	2,400千円		

＊　内　訳
　　　　資本金　　剰余金　　少数株主持分
　　（9,000千円＋3,000千円）×（1－80％）＝2,400千円

5．債権と債務の相殺消去

国立大学法人等と特定関連会社間に存在する債権と債務とは相殺消去しなければならない。

また，国立大学法人等と特定関連会社相互間での保証債務に関して計上されている保証債務損失引当金は，その全額を消去しなければならない。

◆**範例3**◆

C国立大学は，D株式会社の発行済株式の60％を取得原価5,000千円で保有している。下記の資料に基づき，(1)資産，負債の評価に関する仕訳，(2)出資と資本を相殺し少数株主持分を計上する仕訳，(3)相互間の債権，債務を相殺する仕訳を示しなさい。

（資　料）

貸　借　対　照　表

C国立大学　　　　　　　　　　　　　　　　（単位：千円）

諸　資　産	20,000	諸　負　債	6,000
（内，D社株式	5,000）	資　本　金	8,000
		剰　余　金	6,000
	20,000		20,000

貸借対照表

D株式会社　　　　　　　　　　　　　　　　　　（単位：千円）

諸　資　産	13,000	諸　負　債	7,000
		資　本　金	4,000
		剰　余　金	2,000
	13,000		13,000

（注意事項）
1．D株式会社の諸資産と諸負債を時価評価するとそれぞれ16,000千円，9,000千円である。
2．C国立大学の諸資産の中には，D株式会社に対する貸付金500千円が，D株式会社ではこれが借入金として計上されている。
3．C国立大学では，D株式会社への債務保証に際して保証債務損失引当金50千円を計上しており，連結処理上は，C国立大学の剰余金勘定で調整するものとする。

◎解　答◎
1. 資産，負債の評価

　　（諸　資　産）　3,000千円　　（諸　負　債）　2,000千円
　　　　　　　　　　　　　　　　　（剰　余　金）　1,000千円

　　＊　内　訳
　　　　　　　　　　　　　D社資産（時価）　同（簿価）
　　(1) 諸　資　産：　16,000千円　−13,000千円＝3,000千円
　　　　　　　　　　　　　D社負債（時価）　同（簿価）
　　(2) 諸　負　債：　9,000千円　−7,000千円＝2,000千円
　　(3) 剰　余　金：　(1)−(2)＝1,000千円

2. 出資と資本の相殺仕訳等

　　（資　本　金）　4,000千円　　（D　社　株　式）　5,000千円
　　（剰　余　金）　3,000千円　　（少数株主持分）　2,800千円
　　（連結調整差額）　800千円

＊　内　訳

　　　　　　　　　　　　D社剰余金　時価評価増加分
　　剰　余　金：2,000千円＋1,000千円＝3,000千円
　　　　　　　　　　　D社株式取得原価　　D社資本金　D社剰余金
　　連結調整差額：　　5,000千円　　－（4,000千円＋3,000千円）×60％
　　　　　　　　　　　　　　　　　　　　　　　　　　　　　　＝800千円

　　　　　　　　　　　D社資本金　D社剰余金
　　少数株主持分：（4,000千円＋3,000千円）×（1－0.6）＝2,800千円

3．債権，債務の相殺

(1) 貸付金，借入金の相殺

（借　入　金）　　500千円　　（貸　付　金）　　500千円
　－D社計上分－　　　　　　　　　　－C国立大学分－

（注）　勘定科目に関して
　　借入金，貸付金勘定で処理しているが，諸資産，諸負債勘定で処理してもよい。

(2) 保証債務損失引当金勘定の相殺

（保　証　債　務
　損　失　引　当　金）　　50千円　　（剰　余　金）　　50千円
　－C国立大学分－

6．持分法の適用

　連結の範囲に含めない特定関連会社及び関連会社に対する出資については，原則として持分法を適用しなければならない。

　この関連会社とは，国立大学法人等及び特定関連会社が，出資，人事等の関係を通じて，特定関連会社以外の会社の財務及び営業の方針決定に対して重要な影響を与えることができる場合における当該会社をいう。

（注）　関連会社の範囲
　　次の場合には，特定関連会社以外の会社の財務及び事業運営の方針決定に重要な影響を与えることができないことを明らかに示さない限り，その会社は関連会社に該当する。
　① 特定関連会社以外の会社の議決権の $\frac{20}{100}$ 以上を実質的に所有している場合

② 会社に対する議決権の所有割合が $\frac{20}{100}$ 未満であっても，一定の議決権を有しており，かつ，次のような事実が認められる場合
　ア．国立大学法人等の役員若しくは教職員である者又はこれらであった者（国立大学法人等の設立に際し，権利義務を承継した国立大学等の教職員であった者を含む）であって，財務及び営業又は事業の方針決定に関して影響を与えることができる者が，代表取締役又はこれに準ずる役職に就任している場合
　イ．国立大学法人等が，重要な融資（債務保証又は担保の提供を含む）を行っている場合
　ウ．国立大学法人等が，重要な技術を提供している場合
　エ．国立大学法人等との間に，重要な販売，仕入その他営業上又は事業上の取引がある場合
　オ．国立大学法人等が，財務及び営業または事業の方針決定に対して重要な影響を与えることができることが推測される事実が存在する場合

■参　考■

連結貸借対照表

Ⅰ　流　動　資　産	Ⅰ　流　動　負　債
Ⅱ　固　定　資　産	Ⅱ　固　定　負　債
(1)　有形固定資産	Ⅲ　少数株主持分
(2)　無形固定資産	Ⅳ　資　　　　本
(3)　投資その他の資産	(1)　資　本　金
Ⅲ　繰　延　資　産	(2)　資　本　剰　余　金
	(3)　連　結　剰　余　金

（注）表示区分に関して
　　1．配　列　方　法……国立大学法人等の単独の財務諸表では，固定性配列法とされているが，連結財務諸表では一般的に行われる流動性配列法によるものとされている。
　　2．繰　延　資　産……国立大学法人等は，繰延資産の計上をしてはならないこととされている。しかし，特定関連会社の貸借対照表に計上されているものは，そのまま計上することが認められる。
　　3．少数株主持分……負債の部の次，資本の部の前に「少数株主持分」を独立して表示するものとする。

4　連結損益計算書の作成基準

1．作成の基本原則

　連結損益計算書は，国立大学法人等及び特定関連会社の個別損益計算書における費用，収益等の金額を基礎とし，連結法人相互間の取引高の相殺消去及び未実現損益の消去等の処理を行って作成する。

(1)　**取引高の相殺消去**

　連結法人相互間における役務の提供その他の取引に係る項目は，相殺消去しなければならない。

(2)　**未実現損益の消去**

　連結法人相互間の取引によって取得した棚卸資産，固定資産その他の資産に含まれる未実現利益は，その全額を消去しなければならないが，その金額が重要性に乏しい場合には消去しないこともできる。

　なお，売手側の特定関連会社に少数株主が存在する場合には，未実現損益は国立大学法人等と少数株主の持分比率に応じて，国立大学法人等の持分と少数株主持分に配分するものとする。

◆範例 4 ◆

　E国立大学法人は，F株式会社の発行済株式の60％を所有している。E国立大学法人は，F株式会社から仕入れた棚卸資産1,000千円（含：未実現利益200千円）を保有して貸借対照表に計上している。

　この未実現利益を国立大学法人等の持分と少数株主持分に配分するものとした場合の未実現利益消去仕訳（連結処理）を示しなさい。

◎解　答◎
1. 未実現利益の消去
　　（売 上 原 価）　　200千円　　（棚 卸 資 産）　　200千円
2. 少数株主持分に配分
　　（少数株主持分）　　80千円*　（少数株主損益）　　80千円
　　＊　内　訳
　　　　未実現利益　　持分割合
　　　　200千円 × （1 － 0.6）＝80千円

2．表示方法

　連結損益計算書には，経常損益計算及び純損益計算の区分を設けなければならない。

(1)　経常損益計算区分

　連結法人の業務活動から生じた費用及び収益等を記載して経常損益を表示する。

(2)　純損益計算区分

　経常損益計算の結果を受けて，臨時利益及び臨時損失を記載して税金等調整前当期純利益を表示し，これに法人税，住民税及び事業税，法人税等調整額及び少数株主持分損益を加減して当期純損益を表示する。

(3)　当期総利益の表示

　純損益計算の結果を受けて，目的積立金取崩額等を表示し当期総利益を表示するものとする。

索　引

● あ 行 ●

預り科学研究費補助金等……………46
預り施設費……………………46, 92
預り補助金等……………………46
洗替法………………………71, 75, 172
一般債権……………………170
移動平均法……………………66, 67
売上に伴う消費税額………………245
運営費交付金……………………87
運営費交付金債務………………45
運営費交付金債務の明細…………232
運営費交付金収益………………88
運営費交付金の按分…………102, 117
オペレーティング・リース…………62

● か 行 ●

外貨建債権債務……………………75
外貨建その他有価証券……………83
外貨建取引………………………75
外貨建取引等会計処理基準…………75
外貨建の関係会社株式……………82
会計情報の比較可能性……………33
会計処理等の統一………………262
会計処理の変更…………………34
会計の見地………………………29
外国通貨…………………………75
各学部の取扱い…………………239
過去勤務差異……………………164
過去勤務債務……………………155
貸倒懸念債権等…………………170
貸倒損失…………………………168
貸倒引当金………………………148
貸倒引当金戻入…………………173
課税事業者………………………250
課税対象取引……………………247
過度な保守主義…………………35
為替差損益………………………77

簡易課税制度……………………251
関係会社株式……………………71, 83
関係会社株式評価損益……………72
関係会社有価証券評価損益…………83
完成基準…………………………100
間接法……………………………183
官庁型の会計……………………5
関連会社の範囲…………………269
機会費用………………………24, 216
期間進行型………………………89
企業会計の特徴…………………2
基準性の原則……………………259
犠牲………………………………50
帰属資産の開示…………………242
期待運用収益……………………156
期待運用収益率…………………158
期中平均相場……………………77
寄附金……………………………120
寄附金債務………………46, 97, 120
寄附金収益………………………97
基本構造に関する原則……………33
キャッシュ・フロー計算書……16, 179
キャッシュ・フロー計算法…………170
教育・研究の受託による収入………98
教育研究支援経費………………53, 125
教職員の給与の明細……………233
行政サービス・コスト……………214
業務活動によるキャッシュ・フロー…184
業務実施コスト計算書……………214
業務収益…………………………238
業務収益の帰属…………………241
業務損益…………………………238
業務損益の算出…………………241
切放法……………………………71
金額的，質的に重要………………28
金銭的側面………………………29
勤務費用…………………………156
金融商品に係わる会計基準………169

金利の調整・・・・・・・・・・・・・・・・・・・・・・69
繰延資産・・・・・・・・・・・・・・・・・・・・・40, 270
経過勘定項目・・・・・・・・・・・・・・・・・・・・43
形式上の貸倒れ・・・・・・・・・・・・・・・・・168
経常収益・・・・・・・・・・・・・・・・・・・・・・・・56
経常損益計算区分・・・・・・・・・・・・54, 272
経常費用・・・・・・・・・・・・・・・・・・・・・・・・56
経常利益・・・・・・・・・・・・・・・・・・・・・・・・56
継続性の原則・・・・・・・・・・・・・・・・・・・・33
経理の二面性・・・・・・・・・・・・・・・・・・・・・5
決算報告書・・・・・・・・・・・・・・・・・・・・・・・4
研究施設等・・・・・・・・・・・・・・・・・・・・239
現金及び預金・・・・・・・・・・・・・・・・・・・・41
現金主義・・・・・・・・・・・・・・・・・・・・・・・・・8
現金等価物の受領・・・・・・・・・・・・・・・・99
検証性ある記録・・・・・・・・・・・・・・・・・・23
現物出資・・・・・・・・・・・・・・・・・・・・・・110
現物出資資産・・・・・・・・・・・・・・・・・・・59
公共の見地・・・・・・・・・・・・・・・・・・・・・29
更生債権・・・・・・・・・・・・・・・・・・・・・・・42
公的資金の供給・・・・・・・・・・・・・・・・257
国債の利回り・・・・・・・・・・・・・・・・・・154
国債の利回り率等・・・・・・・・・・・・・・217
国内取引・・・・・・・・・・・・・・・・・・・・・・246
国立大学会計基準・・・・・・・・・・・・・・・・・3
国立大学会計基準による引当金・・・・・146
国立大学法人会計基準・・・・・・・・・・・・19
国立大学法人等・・・・・・・・・・・・・・・・・・・1
国立大学法人等業務実施コスト
　　計算書・・・・・・・・・・・・・・・・・・17, 213
国立大学法人等債・・・・・・・・・・・・・・・・45
国立大学法人等の課税取引・・・・・・・247
国立大学法人評価委員会・・・・・・・・・・・7
固定資産除却損・・・・・・・・・・・・・134, 142
固定資産の明細・・・・・・・・・・・・・・・・226
固定資産売却益・・・・・・・・・・・・・・・・136
固定資産売却損・・・・・・・・・・・・・・・・136
固定負債・・・・・・・・・・・・・・・・・・・・・・・45

● さ 行 ●

サービス提供完了・・・・・・・・・・・・・・・・98

在外事務所の換算・・・・・・・・・・・・・・・77
財源措置予定額収益・・・・・・・・・・・・・43
債権と債務の相殺消去・・・・・・・・・・267
債券発行差金・・・・・・・・・・・・・・・・・・42
財産台帳・・・・・・・・・・・・・・・・・・・・・・37
歳出・・・・・・・・・・・・・・・・・・・・・・・・・・・8
再生債権・・・・・・・・・・・・・・・・・・・・・・42
財政状態・・・・・・・・・・・・・・・・・・・・・・37
歳入・・・・・・・・・・・・・・・・・・・・・・・・・・・8
歳入・歳出・・・・・・・・・・・・・・・・・・・・50
財務活動によるキャッシュ・フロー・・・191
財務諸表の期間比較・・・・・・・・・・・・・34
債務たる引当金・・・・・・・・・・・・・・・147
債務負担金・・・・・・・・・・・・・・・・・・・・45
差額補充法・・・・・・・・・・・・・・・・・・・172
先入先出法・・・・・・・・・・・・・・・・・・・・67
残存価額・・・・・・・・・・・・・・・・・・・・・・60
仕入に伴う消費税額・・・・・・・・・・・・245
次期繰越欠損金・・・・・・・・・・・・・・・209
事業報告書・・・・・・・・・・・・・・・・・・・・・4
資金に係わる為替差額・・・・・・・・・・194
資金の流れ・・・・・・・・・・・・・・・・・・・180
事後評価・・・・・・・・・・・・・・・・・・・・・・・3
資産及び負債の評価・・・・・・・・・・・264
資産と負債・資本の均衡・・・・・・・・・・38
資産の定義・・・・・・・・・・・・・・・・・・・・40
資産見返運営費交付金等・・・・・・88, 115
資産見返運営費交付金等戻入・・・88, 127
資産見返寄附金・・・・・・・・・・・・・・・120
資産見返寄附金戻入・・・・・・・・・・・130
資産見返負債・・・・・・・・・・・・・・・・・・45
資産見返物品受贈額・・・・・・・・・・・112
資産見返物品受贈額戻入・・・・・・・・127
事実上の貸倒れ・・・・・・・・・・・・・・・168
施設費・・・・・・・・・・・・・・・・・・・・92, 119
施設補助金・・・・・・・・・・・・・・・・・・・・92
実現の概念・・・・・・・・・・・・・・・・・・・・98
実質価額の著しい下落・・・・・・・・・・・84
質的側面・・・・・・・・・・・・・・・・・・・・・・31
支払決定決議・・・・・・・・・・・・・・・・・・10
支払利息の計上区分・・・・・・・・・・・192

索引

資本金 …………………………………111	消費税の納税義務 ……………………246
資本金及び資本剰余金の明細 ………230	消費税の非課税取引 …………………247
資本剰余金 …………47, 92, 112, 115, 119, 123	情報開示の要請……………………………20
資本的支出 ……………………………143	情報処理センター……………………240
資本取引 …………………………………31	消耗品費…………………………………29
資本取引・損益取引区分の原則………31	剰余金の区分……………………………48
収益………………………………………52	賞与引当金 ……………………147, 175
収益的支出 ……………………………143	進行基準………………………………100
修繕費 …………………………………143	真実性の原則……………………20, 259
修繕引当金 ……………………………147	数理計算上の差異………………156, 165
重要性高い………………………………28	成果………………………………………50
重要性の原則……………………………27	正確な会計帳簿…………………………22
重要性の乏しいもの……………………29	成果進行型………………………………89
重要性の低い資産……………………112	正規の簿記の原則………………………22
重要性の低い取引………………………28	整合性ある記録…………………………23
重要性低い………………………………28	税込経理方式…………………………253
重要な会計方針 ………………………223	税込表示価格…………………………253
重要な会計方針の開示…………………26	税抜経理方式…………………………253
重要な後発事象の開示…………………26	政府出資の機会費用…………………217
重要な非資金取引……………………194	セグメント情報の開示………………237
授業料債務 …………………………45, 94	前期繰越欠損金………………………204
授業料収益………………………………94	前中期目標期間繰越積立金………48, 207
受託研究等収益…………………………98	全部資本直入法…………………………73
受託研究等未収金…………………12, 98	全面時価評価法………………………264
受託研究費………………………………53	総額表示の原則……………………38, 54
受託事業費………………………………53	総資産額………………………………238
受託収入の区分表示…………………106	相対的真実………………………………21
出資と資本の相殺消去………………264	総平均法…………………………………67
取得原価主義……………………………9	贈与資本…………………………………46
準拠性…………………………………259	その他の償却資産……………………110
純損益計算区分……………………54, 272	その他の引当金………………………147
奨学費……………………………………95	その他有価証券…………………………72
償却原価法………………………………69	その他有価証券評価差額金…………49, 73
償却債権取立益………………………174	ソフトウェア………………………42, 62
償却資産の耐用年数…………………130	損益外減価償却累計額……47, 126, 218
少数株主持分…………………………266	損益計算外の項目……………………216
消費税課税事業者選択届出書………250	損益計算書………………………………15
消費税課税事業者届出書……………250	損益計算書科目の分類…………………54
消費税の売上…………………………248	損益計算書の様式………………………55
消費税の仕入…………………………248	損益取引……………………………7, 31, 50
消費税の申告…………………………255	損害補償損失引当金…………………147

275

損失の処理に関する書類 …………………211

● た 行 ●

大学共同利用機関法人 ………………………1
貸借対照表 …………………………………15
退職給付債務 …………………………154, 155
退職給付の見積額 …………………………150
退職給付引当金 ………………………147, 148
退職給付費用 ………………………………156
退職金の支払い ……………………………160
退職手当 ……………………………………150
退職手当増加見積 …………………………216
棚卸資産 ……………………………………41
棚卸資産の評価方法 ………………………66
棚卸資産の明細 ……………………………227
単一性の原則 ………………………………36
単式簿記 ……………………………………6
地方公共団体出資金 ………………………47
中期計画 ……………………………………7
注記事項 ………………………………194, 220
中期目標 ……………………………………7
中古資産の耐用年数 ………………………131
長期前払費用 ………………………………42
徴収不能引当金 ……………………………148
直接法 ………………………………………183
追加退職給付引当金 ………………………152
追加退職給付引当金繰入 …………………152
通常の賃貸借取引に係わる方法 …………63
積立金 …………………………………203, 208
低価基準 ……………………………………66
定額法 ………………………………………71
当期純利益 ………………………………16, 53
当期総利益 ………………………………16, 53
当期未処分利益 ……………………………48
当期未処理損失 ……………………………209
投資活動によるキャッシュ・フロー ……188
投資その他の資産 …………………………42
特定関連会社 ………………………………260
特定研究目的の償却資産 …………………131
特定の償却資産 ……………………………109
特別修繕引当金 ……………………………147

図書 ……………………………………42, 125
図書・美術品 ………………………………113
図書館・博物館等 …………………………240
特許権 ………………………………………42
取引高の相殺消去 …………………………271

● な 行 ●

年金資産 ……………………………………155
納付する消費税額 …………………………245

● は 行 ●

売買に係る処理方法 ………………………63
売買目的の外貨建有価証券 ………………81
売買目的有価証券 ………………………68, 81
破産更生債権等 ……………………………170
破産債権 ……………………………………42
発生主義 ……………………………………8
PFI …………………………………………194
引当金 ………………………………………145
引当金の設定根拠 …………………………145
美術品・収蔵品 ……………………………42
備忘価額 ……………………………………60
費用 …………………………………………52
評価替資本 …………………………………46
評価勘定 …………………………………38, 169
評価性引当金 ………………………………146
表示区分と配列 ……………………………38
費用収益対応の原則 ……………………9, 51
費用収益対応表示の原則 …………………54
費用進行型 …………………………………89
費用配分の原則 ……………………………9
ファイナンス・リース ……………………62
複式簿記 …………………………………6, 23
負債の定義 …………………………………44
付随費用 ……………………………………60
附属教育機関等 ……………………………240
附属病院等 …………………………………240
負担行為差引簿 ……………………………10
物品管理簿 …………………………………37
不動産の機会費用 …………………………216
部分時価評価法 ……………………………264

索　引

部分資本直入法…………………73
平均原価法等……………………67
法律上の貸倒れ…………………168
保守主義の原則…………………35
保守的処理………………………35
保証債務損失引当金…………148, 267

● ま 行 ●

前受学生納付金収入……………95
前受収益…………………………44
前受受託研究費等………………46
前受受託事業費等………………46
前払費用…………………………43
満期保有目的の外貨建債券……80
満期保有目的の債券……………69
未実現損益の消去………………271
未収学生納付金…………………95, 169
未収財源措置予定額……………43
未収収益…………………………44
未認識過去勤務差異……………164
未認識過去勤務債務……………155
未認識数理計算上の差異………156, 166
未払消費税等……………………46
未払費用…………………………44
民間出えん金……………………47
無形固定資産……………………42, 60
無償取得資産……………………59
無償譲渡による取得……………112
明瞭性の原則……………………25, 259
明瞭表示の要請…………………38
網羅性ある記録…………………23
目的積立金………………48, 106, 122, 203, 208
目的積立金取崩額………………123, 208

目的積立金の明細………………231
持分法の適用……………………269

● や 行 ●

有価証券…………………………41
有価証券の評価方法……………67
有価証券の明細…………………228
有価証券評価差額………………73
有価証券評価差損………………74
有価証券評価損益………………81
有形固定資産……………………41, 59
輸入取引…………………………246
予算差引記帳……………………11
予測される将来の危機…………35

● ら 行 ●

リース債務………………………64
リース資産………………………62, 64
利益………………………………50
利益準備金………………………202
利益剰余金………………………48
利益処分計算書…………………201
利益の処分に関する書類………17, 203
利息費用…………………………156
利息法……………………………69
流動資産…………………………43
流動性配列法……………………270
流動負債…………………………45
臨時損失…………………………56
臨時利益…………………………56
連結決算日………………………261
連結調整勘定……………………265

277

＜著者紹介＞

堀川　洋（ほりかわ　よう）

〔略　歴〕
1955年（昭和30年）　青森県生まれ
1977年（昭和52年）　中央大学商学部経営学科卒業
同　年　　　　　　大原簿記学校　税理士科　簿記論講師就任
1978年（昭和53年）　税理士試験合格
1984年（昭和60年）　税理士登録
1990年（平成2年）　堀川洋税理士事務所開設
現在に至る

〔著　書〕
『ヒミツの短期合格テキスト建設業経理事務士　2級』（税務経理協会）
『ヒミツの短期合格テキスト建設業経理事務士　1級財務諸表』（税務経理協会）
『税理士試験財表暗記攻略マニュアル』（税務経理協会）
『堀川の簿記論　ⅠⅡ』（とりい書房）
『かみくだき　日商簿記2・3級』（学習研究社）
他，受験雑誌に多数執筆

本書の内容に関するお問い合わせ・ご質問は，お手数ですが，下記編集部宛にお手紙またはFAXにてお願いいたします。

著者との契約により検印省略

平成16年7月1日　初版第1刷発行

国立大学法人会計入門

著　者	堀　川　　　洋	
発行者	大　坪　嘉　春	
印刷所	税経印刷株式会社	
製本所	株式会社三森製本所	

発行所　東京都新宿区下落合2丁目5番13号　株式会社　税務経理協会
郵便番号 161-0033　振替 00190-2-187408　電話 (03)3953-3301（編集部）
FAX (03)3565-3391　　　　　　　　　　　(03)3953-3325（営業部）
URL　http://www.zeikei.co.jp/
乱丁・落丁の場合はお取替えいたします。

Ⓒ 堀川 洋 2004　　　　　　　　　　　　　Printed in Japan

本書の内容の一部又は全部を無断で複写複製（コピー）することは，法律で認められた場合を除き，著者及び出版社の権利侵害となりますので，コピーの必要がある場合は，あらかじめ当社あて許諾を求めて下さい。

ISBN4-419-04331-8　C2034